U0634981

天津文史资料选辑第*136*辑

重新发现 五大道

中国人民政治协商会议天津市委员会文化和文史资料委员会
中国人民政治协商会议天津市和平区委员会　编

天津出版传媒集团
天津人民出版社

图书在版编目（CIP）数据

天津文史资料选辑. 第136辑, 重新发现五大道 / 中
国人民政治协商会议天津市委员会文化和文史资料委员会,
中国人民政治协商会议天津市和平区委员会编. -- 天津：
天津人民出版社, 2023.12
　　ISBN 978-7-201-19986-3

　　Ⅰ. ①天… Ⅱ. ①中… ②中… Ⅲ. ①文史资料—天
津 Ⅳ. ①K292.1

中国国家版本馆CIP数据核字(2023)第249971号

天津文史资料选辑第136辑　重新发现五大道
TIANJIN WENSHI ZILIAO XUANJI DI136JI　CHONGXIN FAXIAN WUDADAO

出　　版　天津人民出版社
出 版 人　刘　庆
地　　址　天津市和平区西康路35号康岳大厦
邮政编码　300051
邮购电话　(022)23332469
电子信箱　reader@tjrmcbs.com

责任编辑　岳　勇
装帧设计　明轩文化·王　烨
封面插图　叶　武

印　　刷　天津市银博印刷集团有限公司
经　　销　新华书店
开　　本　710毫米×1000毫米　1/16
印　　张　17.25
字　　数　200千字
印　　数　1000册
版次印次　2023年12月第1版　　2023年12月第1次印刷
定　　价　88.00元

版权所有　侵权必究
图书如出现印装质量问题,请致电联系调换(022－23332469)

目 录

1

革故鼎新绽芳华

新事旧闻道悠然

特稿

阐释五大道

● 冯骥才

近年来五大道的文化含金量似乎愈来愈高。对于天津人来说，它不再被视作过了时的遗物，相反渐渐成了一种城市标志，甚至升华为一种骄傲了。

其实这一变化，正符合文化生成的规律。一般事物，在现实状态中以应用价值为主；在进入历史状态后，文化价值便显现出来。事物的文化价值是一种认识价值。当它定型于历史，其内在象征着那一历史时期种种特征的文化意义，才会一点点被我们发现和认识出来。

于是今天，我们对五大道——这一大片姿态万千的西式建筑进行文化定位，与保护它和修整它是同等重要的事，甚至是应该做在前头的事。尤其曾经一度它被贴上了"洋人买办老爷太太们的老巢"那种政治标签，自此荒疏久矣，以致今天我们站在五大道上，满眼只是奇异的洋房，对里边内涵几乎一无所知，好像它们全是空的。

首先，五大道并不是一个历史称呼。这个地处原英租界的住宅区，从无"五大道"之称。20世纪60年代以来，城管部门为了对这片十分集中的西式住宅建筑便于称呼，才称之为五大道。若言大

图1-1　这座英国古典式的洋房是奥地利建筑师盖苓设计的

道,应是六条(成都道、重庆道、常德道、大理道、睦南道和马场道),
而非五条;但相说久了,约定俗成,五大道反成了一种"官称"。五大
道应被认识为一个区域性称呼。它东起小白楼,西至大堰(今九十
中学),南抵马场道,北达墙子河(今南京路)。旧时租界里的人谈房
子,一提"耀华桥下"(南京路以北)便是指较低层次的洋房。五大
道全是高级住宅。

然而,五大道远不是天津小洋楼的全部。依我之见,天津的小
洋楼大致可分为三部分——

第一部分为办公区。

它们夹峙于解放路的两侧。解放路曾是租界的中心,由北向南
贯穿着四国租界(法、英、美、德)。此处的洋楼多为早期租界各国在
天津开设的行政、金融、贸易、新闻、通信等机构,也有一些旅店和娱
乐设施。当时列强说了算,建筑样式多听命于洋人。许多建筑师也

是洋人,他们从各自国家带来不同的建筑特色。故而希腊式、文艺复兴式、哥特式、浪漫主义、折中主义等风格随处可见,并一律保持着舶来样式的原汁原味。而且这种公共性质的建筑都是庄重严谨、典雅沉静,体积也大;与精巧的五大道的民居建筑群迥然殊别了。

第二部分是五大道住宅区。

天津最早的小洋楼住宅,多为开辟租界的洋人们居住。那时五大道地区还是一片水洼苇荡。洋人们的住宅挨着办公区,靠近解放路一带,还有一些在原意大利租界的马可·波罗广场周围。

进入20世纪后,由于时势变化,天津在中国的位置变得极为特殊与重要。一方面社会与朝政更迭变幻,租界成了政治的避风港;另一方面天津得地理、交通与海关之利,充满了商机。各种要人及富人拥入津门。一为安全,二为立业发财,三为了住进设施齐全的小洋楼总比传统的四合院舒适方便。五大道地处英租界的黄金地段,人们便争相置地建房,毗邻而居。于是,这一带就成了天津的名副其实的富人区。

若论中国近代城市所拥有的富人区的规模,天津当属第一。但有两点需要强调:一是五大道的住户洋人很少,基本上是中国人;二是这些作为甲方的中国房主,不懂得西方建筑的风格准则,于是就随心所欲地去删减与添加。各种外来的建筑样式,好比自助餐那样放在一起,喜欢什么拿什么。他们觉得科林斯式的柱子好看就在房上加几根;喜欢哥特式的拱顶,便在自家门厅里造一个。反正是私人住宅,各由其便。这反而给建筑师们更多自由发挥的空间,更多的个性色彩。比起解放路那些正经八百、不错规矩的西方建筑,五大道的洋楼要随意得多了。如果留意去看,偶尔还会发现一些西式山墙上的通气孔竟然被改成一枚老钱图案。实际上,五大道的小洋楼已经中国化了。外来的事物中,凡属生活性质的,最容易被本地化。当年起士林西餐的成功,正在于它不是原样的西餐,而是融合中国人的口味。起士林的一道特色菜"罐焖牛肉",与中国人传统的红烧牛肉没有两样,只不过把大葱换成洋葱,中餐西吃罢了。上边所说,也正是天津小洋楼的文化特色,更是五大道独具的地区本色。

图1-2 天津著名的花园别墅,风格纯正的西班牙式建筑

五大道的另一特色,是建筑的私密性构成的深邃和幽静的氛围。

这里的住户——无论是寓公式的军政要人,还是成功的实业家们,在当时吉凶难卜的社会背景下,全都希图安逸,不事张扬。这种心理外化在五大道的环境形象上。房屋的尺度宜人,倾向低矮,没有高楼;隔院临街,院中花木遮翳,掩住里边的楼窗。顶紧要的是,院墙全是实墙,很少使用栏杆。最巧妙的是民园大楼的方孔式围墙,它采用百叶窗的原理,看似透孔透光,实际上从外边根本不可能对院内一览无余,这就适应了房主人深居与私密的心理,自然也构成了五大道独有的幽雅沉静又稳定温馨的氛围。近日,我看到睦南道有几处拆掉了围墙,改为铁栏,这样做可能想更加美观和时髦。尤其是李勉之的故居——奥地利建筑师盖苓设计的那四幢古典风格的花园别墅,居然将与建筑和谐一体的围墙拆去,换上铁栏,里边一院子的桌椅物什绽露无遗,原有的那种静谧神秘之感荡然无存,显然改造者一定不知道五大道特有的文化特征与建筑美。

历史留给我们的绝不只是一幢幢房子,还有它迷人的氛围。而这又不只是一种建筑氛围,更是一种历史人文的气息。如果破坏了,那绝不只是建筑本身,而是这一城市独具的人文环境。在这里,且不说人文环境的更深层的历史文化价值,单从旅游角度说,独一无二的人文环境从来就是旅游最有魅力的资源。

接下来,对于正在"开发旅游"的五大道管理者们,还会再犯这样无知的错误吗?

第三部分是商业区。

这商业区有两个。一个是小白楼,一个是劝业场。小白楼地处原美租界(1902年后并入英租界),由于这一地区住着一些早期开

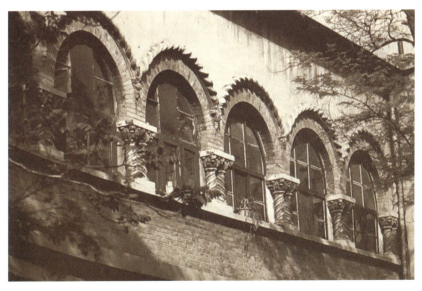

图1-3　六个"盛装女子"手拉手站在墙沿上,直到今天我经过这里时,还会抬头注目地把她们欣赏一下

辟租界的洋人,各种各样洋人的店铺便应运而生,并渐渐营造出一个商业区来。如今小白楼的一些店铺的外墙上,往往还能依稀见到历时久远、斑驳殆尽的英文店名或广告。

小白楼商业区出现在前,劝业场商业区出现在后。它位于原法租界西端,自20世纪二三十年代以来,一批新型的商业大厦拔地而起。如劝业场(1929年)、惠中饭店(1930年)、交通饭店(1931年)、渤海大楼(1934年),等等。不仅百货云集,而且都是集商店、旅店、饭店、娱乐业为一体的多功能的巨型大楼。这种二三十年代西方刚刚流行起来的商业设施和商业形式,居然在同一时间就大规模地进入天津,不仅将天津一下子推到近代中国的最先进的前沿,而且焕然一新地影响了本地人的生活观念与方式,就像改革开放后舶来的超级市场。而首先接受这种方式的是五大道的居民。劝业场商业区不单是购物中心,还是五大道居民各种社交活动的场所。于是五大道住宅区,与解放路的办公区和小白楼劝业场的商业区密切地融为一体,天津就是这样"洋"起来的。近代的大天津形象便由此而立。

从建筑上讲,劝业场等大型商厦,又是天津小洋楼的典范。不仅材料优良,且样式华美。只是由于逛商店的人们,大多注目于橱窗中的时尚货色,很少抬起头来欣赏建筑。我们在搞"小洋楼文化采风"时,曾请摄影家登

图1-4　科林斯式柱子的力作

高拍摄,洗出照片一看,真是惊讶于天津商业由来已久的繁华!

前两年,在哈佛大学任教的李欧梵来津找我。他正在研究30年代中国的文化形态,想看看我关于这一时期出版物的收藏。当他见到这一时期天津本地出版的画报,如《北洋画报》《玫瑰画报》《天津华北画报》《美丽画报》和《星期六画报》时,陶醉般眯起了双眼,显然被那时代特有的形态与魅力牢牢攫住。他吃惊地问我:"我真不知道天津也有这种东西,我一直认为只有上海才这样呢!"

我笑而不答,傍晚饭后,陪他在五大道上散步。我在这里自小长大,一草一木,全在心里。我们先在大理道上由东到西,再折返回来,由睦南道上自西向东,指指点点那一幢幢典雅而陈旧的小楼,讲给他这些楼中昔日的惊心动魄的故事,小楼的主人们种种奇异的甚至匪夷所思的个性,以及人物之间深深浅浅,或凶险莫测或珍贵无比的关系。房子对它主人的秘密向来守口如瓶。可是当历史走过,是谁把这一大片斑斓的都市生活紧锁起来了?

这位自以为对30年代的中国无所不知的学者,听我讲述这个"巨大的昨天",却如闻异国的神话。

于是一个问题出来了:在二三十年代,大天津与大上海——这两个近代中国一南一北两个名城,曾经何其相像!但奇怪的是,改革开放后,上海人很快地一脉相通衔接上昨日的都市感觉,找到了那种历史的优势。曾经在上海洋行做事的老职员,如今回到外滩的合资公司便顺理成章地找到自己擅长的位置,甚至接通了中断久远的往来。但天津好像失掉了这个昨天。我读了上海年轻作家们写的《上海的风花雪月》和《上海的金枝玉叶》,感到他们就像自己老祖母的往事那样亲切与息息相通。

而曹禺的《雷雨》与《日出》写的地地道道是那个时代的天津。

图1-5　民国时期曾任国务总理的颜惠庆，
1936年辞去驻苏大使后蛰居在这所大房子里

但天津人还会把它当作自己的过去吗？现在，人们已经误把《雷雨》和《日出》当作上海的往事了。

如果少了五大道，天津少了什么？

五大道是一个独立的生活和文化空间。由于天津本土城区开发在前，租界开辟在后，再加上在地势上西北高而东南低，天津人曾俗称老城内外为"上边"，五大道一带为"下边"。这上下两个地域却如两个世界，不仅很少往来，连说话语调也截然不同。五大道的居民只说国语，不说天津话。可以说，过去曾有"两个"天津，一个说天津话的天津，一个不说天津话的天津。一听语调，两地之人就泾渭分明！

这样一个巨大又生动的城市生活的板块，怎么会无声无息地湮没得近乎无影无踪了呢？

关键的是，那种标签主义的政治历史观，带来的结果很糟糕。

仅仅把五大道看作"洋人买办、反动军阀、遗老遗少和资本家的集聚地",则必然是多年政治风暴冲击的对象。尤其"文革"时期,这一带成了炮轰的重点。此间历史人物的藏龙卧虎,曾极其强烈地刺激着革命小将们的"敌情"想象。记得当时,"革命小将"每抄完一家,便在那楼顶上插一杆红旗,表示占领。随后的事,便是一家家"扫地出门"。这就粗暴地大笔抹去它极其丰富的历史文化内涵,以及近代天津这一片光彩的过去。

自辛亥革命结束了中国历史上两千年的封建时代,天津的许多内在条件,如海港、铁路、电讯、建筑业等,和西方人带来的先进城市设施以及国际资本,都成了优势。20世纪初,大批人拥到充满机遇的天津来淘金,形成了天津历史上最大的一次移民高潮。这些移民的素质较高。他们或带来大批资产,或各种技术、工商和精通洋务的人才;其知识先进的工程师、教育家、医师、文化人的人数,远远超过那些声名赫赫的寓公。但我们总是从官本位出发,一提小洋楼的历史,就历数这些地位显要的寓公,无视这些近代天津积极的因子。而他们内与北京、上海,外与各国公司及其资本,紧密通联,抓住机遇,致力拓展,使得天津在二三十年代这短短的时间里就一跃成为我国近代领先的魅力无穷的大都市。可以说,天津作为闻名世界的近代化的城市,就是在这一时期完成的。而这批移民主要都住在五大道地区。如果把这个历史内容抽去或删掉,天津剩下的恐怕更多的是平民化的市井生活了。

从文化视角看,五大道是近代中国中西文化冲突又融洽的一个典型的载体,是天津都市文化开放性的一个象征,也是近代天津发展史一个琳琅满目的博物馆;从历史角度看,五大道有功于天津。它是一座富矿,正在等待我们挖掘。

我相信,如果打开五大道,我们真的会对历史的天津有一个崭新认识,而且这种认识一定还会有益于今天和明天。

图1-6　即使再大的风雪,这里也是平静的

真知灼见论古今

五大道的昨天、今天和明天

——政协委员对话老报人

● 冯 宽 贾长华

五大道的昨天

"汉唐看西安,明清看北京,近代百年看天津。"近代中国,没有哪一座城市能够像天津那样,城市的命运与国家的命运如此休戚相关。在这里,发生的中国近代历史上的一系列重大事件,都是"全国性"的;在这里,发展起来的中国近代军事、工业、交通、邮政、通讯、金融、教育、卫生等,都是"中国之最";在这里,出现的中国近代历史人物,都是"国家级"的。

在这里出现的中国近代历史人物,大多寓居于五大道的小洋楼里,叱咤于近代百年的历史风云。可以这么说,"近代百年看天津",尤其要看"五大道"。

话题一:租界的文化遗存——五大道

冯:谈到五大道的昨天,就绕不开一个话题——租界。天津从1860年开辟为通商口岸,到1945年租界最后收回,历时85年。这期间,先后有英、法、美、德、日、俄、意、奥匈、比9个国家建立了租界。

图2-1 俯瞰五大道

贾:租界是西方列强侵占中国的产物,是中华文明的屈辱岁月。但是不可回避的是,租界对于近代天津的城市发展、建筑景观、人文环境、社会生活等方方面面,都产生了深刻的影响。特别是到了20世纪二三十年代,"北有天津,南有上海",天津已然成为近代中国一座繁华、兴旺、时尚的大都市。

冯:租界里,混杂着数以万计、来自多个国家的侨民,他们来到天津经商置业、定居生活,从而带来了不同的观念、不同的文化,也算是一种被动的"文明互鉴"吧。记得一位20世纪初在天津出生的美国人,是这样描述他在租界魔幻般的童年生活:"我生长在一个多么奇怪的城市!用三四个铜板,我就能坐着黄包车从我在英格兰的家到意大利、德国、日本或者比利时。我步行到法国上小提琴课,还经常过河去俄国,因为俄国人有一个美丽的树木繁茂的公园,公园里面还有一池湖水。"

贾：当历史的烟云散去，我们需要以更为坚定的文化自信，去重新审视租界的历史资源，重新发现租界的文化价值。租界里，这些风貌迥异、多国建筑风格并存的历史文化街区，不仅体现了西方近代城市建设和规划的理念和模式，也是外国建筑师和中国建筑师参与城市建设和设计的智慧结晶，更是近代天津留给这座城市的一笔厚重的文化遗存。其中，保存最为集中、最为完整，建筑艺术最为多彩、最为绚烂，人文内涵最为广博、最为耀眼，当属五大道。

话题二：五大道的神韵——小洋楼

冯：20世纪初，英租界进行了第二次扩展，史称"墙外推广界"，后来逐渐形成了五大道地区。这个区域在先期的规划、设计和布局上，理念超前，采纳了当时盛行于英国的"花园城市"建设理论。整个别墅住宅区居住环境舒适，街道空间尺度适宜，公共设施配套齐全，拥有先进的排水、排污系统，当时被认为是华北地区最宜居的住宅区。

贾：如今，五大道是一个长方形的区域，由成都道、南京路、马场道、西康路、贵州路等道路合围起来。整个区域内，纵横23条道路，包括成都道、重庆道、常德道、大理道、睦南道、马场道等，总长度约17千米，面积约1.28平方千米。

冯：五大道开辟之初，时值民国初年，后又逢北洋军阀混战，真正的建设高潮是在20世纪二三十年代，天津的城市发展空前繁盛。据说，当时在天津有些名气的外国建筑设计师，几乎都参与了五大道小洋楼的设计和建设。从当初的规划来看，这个住宅区可谓是"精心打造"，学校、医院、商店和娱乐场等都建在马场道和成都道以外，内部街巷，静谧幽深，这应该是五大道的核心特质。

贾:五大道这个区域不是很大,但集聚了充满异国风情、多种设计风格的建筑2000多栋,包括英、法、意、德、西班牙等风格的建筑,其中别墅洋房230多栋。目前,列为风貌建筑加以保护的将近400多栋。这些小洋楼展现了不同国家的建筑艺术,形成了独特的城市景观,被誉为"万国建筑博览会",漫步其中,仿佛穿越到20世纪30年代古雅秀美的欧洲小镇。

话题三:五大道的精髓——名人旧居

冯:五大道外在的美掩映于四季更替、光影变幻之中,而小洋楼内在的魅力,更深藏于那些中国近代历史名人生活过的旧居。

贾:五大道地区更为引人瞩目之处,就在于其深厚的近代历史文化积淀。一栋栋小洋楼,云集了近代中国军政界、实业界、知识界的代表人物。那些一度纵横政坛的民国总统、总理、督军和军阀政要,退隐下来在这里寓居;那些清室的皇亲国戚、遗老遗少,被逐出京城来这里蛰居;还有那些来自南方各省的银行家、民族实业家和

图 2-2　香港大楼

知识界人士,来这里购地建房,置产兴业。

冯:据统计,仅仅是入住五大道小洋楼的北洋寓公,就有五六百人之多。正是这些特殊的居民构成,使五大道在中国近代占据了极其显耀的地位,同时也赋予了五大道一种特殊的精神气质和人文底蕴。

贾:可以这么说,天津建城600余年,虽然没有古都西安的繁盛,没有古都北京的显赫,却在近代中国出尽了"风头"。这些历史人物,以小洋楼为住所,以天津这块风水宝地为"舞台",上演了一幕幕起伏跌宕、惊心动魄的"话剧",展现了近代百年的风起云涌,给人们留下了太多太多的往事和回忆。

五大道的今天

历史潮起潮落,租界时代的五大道已经远去。如今,五大道地区是国内著名的旅游目的地、网红打卡地。这里为旅游服务的各种商业设施比较完善,基本能够满足广大游人的不同需求。每到旅游旺季或者节假日,人流不断,游客时常挤满一条条街道,显示出很强的景区魅力。

那么在文旅融合的发展理念下,要遵循"以文塑旅、以旅彰文"的发展逻辑,融合五大道上的两个显著特色,即小洋楼建筑的物质遗存和名人旧居的人文遗存,推动五大道文化旅游区的高质量发展。

话题四:五大道风景线上的"杂音"

冯:不少游人在游览五大道上的一座座小洋楼时,莫不对其建筑的精美和构思的巧妙发出由衷地惊叹,但偶尔碰上"火柴盒"式建筑,立刻又觉得特别遗憾,甚至产生一种无以名状的扫兴。

贾：顾名思义，所谓"火柴盒"式建筑，就是外观上一律成"方块"，千楼一面，没有装饰，单调呆板，毫无美观可言，与周边的建筑极不协调。这些"火柴盒"式建筑，是在若干年前的特殊时期，将小洋楼拆除后盖起来的。如今，这种行为早已被禁止。但是间或出现的"火柴盒"式建筑，仍是五大道地区不尽如人意之处。

冯：建筑是"凝固的音乐"，一座座小洋楼形成"优美的乐章"，而"火柴盒"式建筑则成为"优美的乐章"中的"杂音"。

贾：在五大道地区，逐步消除"火柴盒"式建筑，是很有必要的。一个时期以来，各有关部门在这方面进行了积极的努力，但依然有些"火柴盒"式建筑，原封不动地"顽强存在"。要让"火柴盒"式建筑陆陆续续消除，把"优美的乐章"中的"杂音"清掉，从而使这里的环境更加协调，更加赏心悦目。

话题五：五大道旅游的"遗憾"

冯：五大道的许多名人旧居，都与中国近代重大历史事件相关联，与中国近代经济社会发展相关联，留下了一系列生动、翔实和耐人寻味的故事。广大游人特别是外地的游客来到这里，往往都想走进名人旧居去体验一番。

贾：然而十分遗憾的是，由于各种原因，五大道地区绝大多数的名人旧居，都不对外开放。目前，对外开放的只有两处：一处是庆王府，一栋西风东渐的典型建筑，原为清代太监大总管小德张所建，后来被清朝第八代庆亲王载振购得并举家入住，因而得名"庆王府"。另一处是马占山旧居，这是一座英式折中主义建筑，马占山是抗日爱国将领，曾参与张学良、杨虎城发动的西安事变，又为和平解放北平立下功劳。

冯：游人走进名人旧居，就仿佛回到了当年的历史环境之中，身临其境地重温当年的历史事件,从中受到启发、启示和启迪,进而得到教益。在那么多的名人旧居中,仅有这两处对外开放,是远远不够的,这无法满足广大游人的需求、广大游人的愿望。

贾:如今的旅游,讲究"深度游",而不是"走马观花",更不是"留影到此一游"。走入那些久远的名人旧居,寻求对逝去的历史文化的深刻感受,追求切身的、更为感性的沉浸式体验,才是高品质的五大道旅游。

话题六:再议五大道的名人旧居

冯:物换星移,时过境迁,五大道的这些风云人物已成为历史,但是他们的旧居却依旧优雅闲适地矗立在那里,如同时光隧道,连接起五大道的昨天和今天。

贾:五大道地区的名人旧居实在太多了!几乎每一处旧居的名人,只要一提到名字,不是如雷贯耳,就是耳熟能详,因为他们在中国近代的名气太大,影响也太大。

冯:谈到这里,我的思绪不禁飞向三座与我有关的旧居。

一座是睦南道58号,这曾是我外婆的房子,现在是天津市教育发展基金会的办公地点。这栋小洋楼虽然名气不大,但却有我童年的记忆。

另一座的名气太大了,就是位于大理道66号的润园,也称孙氏旧居,这是一座西班牙风格的花园别墅,是我母亲的外祖父孙震方设计建造的。孙震方是民国时期的实业家,其祖父孙家鼐是光绪帝师,也是京师大学堂(今北京大学)的创办人。1951年12月毛泽东主席曾在这里居住,毛泽东字为"润之",故取名"润园"。

还有一座就是马场道上天津外国语大学(原天津工商学院)的主楼。这是一栋由法国建筑师慕乐设计的古典主义风格的建筑,这也是我20世纪80年代上大学的地方,当时还叫天津外国语学院。院内有一座由法国神父、博物学家桑志华创建的北疆博物院,被誉为中国近代早期博物馆发展史上的"活化石"。

贾:说到这里的名人旧居,可谓极为丰富。我想,这是五大道发展高质量旅游非常难得、非常宝贵的"资源",不妨列举如下:这里有徐世昌旧居、曹锟旧居、张作霖旧居、龚心湛旧居、颜惠庆旧居、潘复旧居、朱启钤故居,有刘冠雄旧居、载振旧居(也称庆王府)、顾维钧旧居、鹿钟麟旧居、张自忠旧居、杨度旧居,有张伯苓旧居、周学熙旧居、袁家骝旧居(其夫人吴健雄被誉为"当代居里夫人")、王襄旧居、马连良旧居、蒋恩钿("月季夫人")旧居,有孙殿英旧居、王仲刘旧居;有先农大院,这是美国总统胡佛发迹之地;有李爱锐旧居,李爱锐是在天津出生的英国人,在第八届巴黎奥运会上,获得男子400米跑冠军并打破世界纪录,后来一直在天津任教,他的生平被好莱坞拍成电影《烈火战车》,获得奥斯卡大奖。

此外,还有许多其他名人旧居……

五大道的明天

对于五大道地区的小洋楼,要保护好原有的历史风貌,这固然重要;然而充分梳理、挖掘、利用好历史人物居住过的小洋楼这一历史文化资源,在创造性转化和创新性发展中,推动五大道地区文化旅游业高质量发展,成为天津市培育建设国际消费中心城市核心区,则更为重要!

话题七:五大道的远景目标

冯:五大道既属于过去,更要走向未来。推动五大道这一历史文化街区的转化和发展,就要把这里的历史文脉与天津的现代化建设紧密结合起来,营造出具有其特质的文化场景,丰富其文化创意供给,提升其文化展示空间。

贾:在我看来,还要设定一个战略性目标,这就是充分发掘和利用五大道地区的历史文化资源,逐步建成以名人旧居为主体的"博物馆群",展现深厚丰富的历史文化积淀,进而为申报世界文化遗产做好前期准备。

冯:若要实现这一战略性目标,我想,还要进一步完善景区基础设施、公共服务、商业环境和导游队伍的培训与管理;还要引入新的文旅产业理念,诸如颠覆性创意、沉浸式体验、年轻化消费、移动端传播以及融入新的旅游休闲要素,包括慢生活、深体验等。

贾:当然,还要加大招商引资,让更多的社会资本、民营企业和高水平的运营团体、文化活动策展人,共同参与五大道文旅产业的建设。可以想象,随着五大道地区文旅商贸融合的不断深化,文化旅游吸引力的不断提升,五大道将成为天津这个现代化大都市响当当的文化品牌。

话题八:文旅融合模式——"博物馆群"

冯:大凡世界名城,对于作为城市重要公共文化设施的博物馆,都强调"集群"。相较于单座博物馆,"博物馆群"由多座博物馆构成,往往会产生"集群"效应,让博物馆释放出广泛而持续的影响,发挥更大的作用。

贾:"博物馆群"的"集群"效应表现为:

第一,可以有力地推动旅游业发展。游客参观多座博物馆,会获得多重的游览体验,从而引起更浓的兴致,逗留更长的时间,文化旅游体验的收获会更大。

第二,可以带动周边服务业发展。在博物馆聚集的区域,开设服务多元化、个性化的店铺,如艺术画廊、非遗工坊、人文书店、表演场所、文化集市、小吃店铺等,由此形成一个完整的旅游生态圈。

第三,可以创造出一个文化品牌。所谓品牌是指在人们心目中占有一定位置的综合反映,是一种无形资产,并且是能够产生更大价值的无形资产。当"博物馆群"成为一个众人皆知的文化品牌,其所产生的价值难以估量。

冯:自20世纪开始,欧美的一些城市就开始引入"博物馆群"的概念。在建设方式上,几乎都是政府主导,采取自上而下的做法,为建立"博物馆群"提供更多的支持和保障。

这些"博物馆群",大致分为两种类型:一是利用保留完好历史风貌街区而建,如巴黎塞纳河畔的"博物馆群";二是在城市发展初期就纳入总体规划,如华盛顿国家广场的"博物馆群"。

贾:目前,我国一些城市也在积极地建"博物馆群"。

在利用保留完好历史风貌街区方面,昆明市拥有几十家文物保护单位的翠湖历史风貌街区,已建15座博物馆,形成体现"一池翠湖水,半部昆明史"为特色的"博物馆群",并且通过串联这15家博物馆,推出4条旅游线路。还有,厦门市鼓浪屿,尽管是只有约1.8平方千米的小岛,却利用历史风貌街区的建筑物,以形成"博物馆群"为目标,建立一系列博物馆。再有,上海市中心城区最大一片历史风貌街区——衡山路与复兴路历史风貌街区,这里不仅有大量的近代建筑,还有许多名人旧居,目前以"衡复风貌区"名人旧居为主的"博物馆群",已经初具雏形,相继对外开放。

在城市发展初期就纳入总体规划方面,郑州市高新技术产业开发区,正在建"高新·双湖博物馆聚落",包括陶瓷、古建筑、佛造像、书画艺术等10座专题博物馆,形成颇有气势的"博物馆群"。另外,德州市齐河县黄河国际生态城,在古树蔽天的湖畔,利用一幢幢精美的楼阁,已建成不同主题的20座博物馆,形成了庞大的"博物馆群"。

如此等等,不胜枚举。

话题九:五大道的"博物馆群"

冯:那么关于利用五大道地区名人旧居建"博物馆群",您的观点如何?

贾:我觉得,要有选择、有策划、有步骤地推进。所谓有选择,就是对名人旧居进行一番梳理,确定哪些具备条件,哪些不具备条件,有所挑选地去建,做到心中有"数"。所谓有策划,就是将名人旧居建成什么样的博物馆,分门别类地进行深入研究,不求一致,但求多样化模式,做到因"居"制宜。所谓有步骤,就是将名人旧居建成博物馆过程中,不要一蹴而就,要有条不紊地成熟一个建一个,做到以少渐"多"。

冯:在五大道建立"博物馆群",通过名人旧居博物馆和其他类型的博物馆,去展现五大道的昨天、今天和明天,将五大道从一个曾经美轮美奂的别墅住宅区,转化成为新时代天津这座大都市的"文化荟萃之地",是一个宏大又迷人的远景。这不仅需要顶层设计,更需要一个个具体的文化行动。

贾:这方面,我们已经行动了。首先将很快组织成立"五大道历史文化研究会",向有关部门提供咨询,提出建设性意见。目前列出的一批选题,其中有的已经被市有关部门落实。

再有,我在民园广场创建了拜石博物馆,这个馆将奇石与书法、绘画、泥塑、篆刻、石雕、摄影等相结合,是一种新的艺术创新,也是一种新的文化形态。在博物馆的入口处,我们置放了一个"留言本",不论是本市和外地游客,还是外国观众,都写下大量感言,感叹拜石博物馆为国人提供了如此精美绝伦的精神财富,更称赞拜石博物馆为提升五大道地区的文化形象和文化品质,为传承和弘扬中华优秀传统文化所做出的贡献。作为这个博物馆的创始人,我希望这个馆如能像当年的北疆博物院一样,成为五大道上一张亮丽的"文化名片",那将是一种莫大的幸运。

话题十:五大道的"申遗"

冯:中国是成功申报世界遗产最多国家之一,其中有37个项目列入了"世界文化遗产"。因而,考虑到五大道在中国近代的历史地位和影响、以万国建筑为主体的物质遗存和以名人旧居为代表的人文积淀,五大道的"申遗"值得期待。

贾:五大道地区一旦列入"世界文化遗产",这将是天津历史上前所未有的大事,对于提升五大道地区的形象,提升天津的形象,让天津成为世界名城,都有着非常重大的意义。当然,这是一项艰巨的工作、复杂的工作,更是一项长期的工作,非付出巨大努力而不可为之。

所以我们一定要努力、努力、再努力!

(冯宽,天津市冯骥才民间文化基金会理事长;贾长华,今晚报社原社长兼总编辑、天津市人大常委会原委员、中国晚报工作者协会原执行会长)

城市宏观规划对历史保护的影响

◉ 朱雪梅

　　作为一位以城市设计和历史保护为主要工作领域的规划设计师,我在近40年的职业生涯中深深体会到,无论是建设发展还是历史保护,都不能脱离城市的整体状况和发展阶段孤立地进行考虑,而一个城市的整体空间发展思路更是要通过总体层面的规划设计得以体现,这对历史保护来说也是非常重要的一环。对天津而言,城市发展规划什么、保护什么,在不同的历史阶段是不一样的。从天津建卫至今的600多年中,这座城市的规划经历过从中国传统城市规划到现代城市规划理念在中国的萌芽再到现代城市规划天津化(本土化)的过程,每个阶段城市规划的主导因素是不同的。其实城市宏观规划所涉及的领域很宽,对城市的各类资源的有效整合与平衡、对城市整体形态的塑造、对历史保护的引领、对下一步具体的详细规划和设计工作都会产生全局性的、决定性的影响。任何历史街区的历史文化保护工作,都绕不开天津城市的整体规划。

整体保护　建设历史文化名城

　　1986年我从清华大学建筑系毕业来到天津市城市规划设计研究总院(简称天津规划总院)工作,正好在这一年,天津进入了国务院批准的第二批国家历史文化名城的名单里。我们都知道的天津拖拉机厂、陈塘庄工业区以及第一机床厂等11个工业区都在市区，随着塘沽开发区建设的成功，天津开始实施工业东移战略；同时三环十四射的城市交通，体院北、王顶堤等大规模住宅区都使得天津城市的空间结构发生了变化。可以从图上(新中国成立初期，图3-1；20世纪80年代，图3-2、图3-3)看出，1986年之前的规划是满足飞速发展中的城市化进程对城市空间扩张的需要，从某种意义上说是由粗放型发展模式所决定的城市规划。而在天津纳入国家历史文化名城后，在1986年的天津城市总体规划里，开始有专门章节表述对城市历史文化保护的内容，但相对来讲还是比较宽泛和原则性的。到1996年的总体规划明确提出了天津9+5个历史文化保护区(后被称为14个历史文化街区)，至今可以说天津已经由粗放型发展转变为精细化运营。这个转变是必然的，过程是艰辛的。

国家历史文化名城评定工作是北京大学侯仁之院士等人提议的。侯院士的专业是历史地理，他曾留学英国，1950年应梁思成的邀请到清华建筑系讲授"市镇地理基础"课程。他长期从事城市

图3-1　1954年天津市城市
　　　　规划示意图

图3-2　1986年天津市区域
　　　　规划示意图

历史的研究,通过大量的实地考察和文献研究,总结出西方在遗产保护的经验中,更强调整体性保护,而不是单单去保护历史遗迹中一个单独的文物或建筑。所以从1982年开始,在侯仁之、郑孝燮和邵勇3位专家的积极推动下,历史文化名城的概念被提出,进而国家建立起历史文化名城认定和保护机制,同年国家公布第一批国家历史文化名城,其中包括北京、承德、昆明等24座,到2023年全国共有142座国家历史文化名城。

也就是从20世纪80年代开始,我们对城市规划的思考出现了转折。在老先生们的不懈努力下,社会各界开始建立起了整体保护的概念。早期对于文物建筑、历史遗迹的保护仅限于独立的建筑或者遗迹本身。一个城市中如果只是点状保留某些标志性的古建筑,是很难反映这个城市发展历史脉络的整体性的。在整体保护概念建立起来后,老先生们又开始推动各地进行历史文化名城的保护工

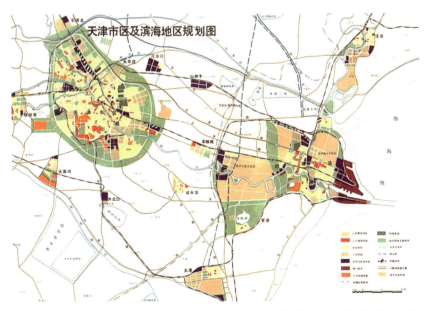

图3-3 1986年天津市区及滨海地区规划图

27

作。当时的操作方式是先请专家去认定具有价值的历史文化名城，然后用历史文化名城的标准去要求和推动各地有意识地开展系统性的历史文化保护工作，这也将天津城市整体规划和历史文化保护工作进行了有机结合。

分层规划　打造历史文化街区

国务院在公布第二批国家历史文化名城的文件中指出："对一些文物古迹比较集中，或能完整地体现出某一历史时期传统风貌和民族地方的特色的街区、建筑群、小镇村寨等，也应予以保护。各省、自治区、直辖市或市、县人民政府等根据它们的历史、科学、艺术价值，核实公布为当地各级'历史文化保护区'。"这是在国家文件中第一次正式提出历史街区建筑群落的概念，是我们历史遗产保护工作的一个重要转折点。从此国家就形成了保护文物古迹、保护历史文化街区、保护历史文化名城的完整的分层次保护体系。

2005年建设部颁布了《历史文化名城规划》，2008年开始实施《历史文化名城名镇名村保护条例》，同年7月住建部正式颁布实施《历史文化名城名镇名村的保护规划条例》，天津市规划资源局有关领导反应迅速，意识到这是一个重要信号，即国家的宏观导向将进入经济发展与历史保护并重的新阶段。2009年迅即成立了保护规划处，组织开展了大规模的历史建筑普查，组织编制各层次的保护规划，全面系统地建立了天津市保护规划的层次和体系。同年我应邀主持天津14片历史文化街区保护规划编制项目，于是我们团队成了正式开展保护规划的先头部队。

这14片历史文化街区也是1996年提出的9+5个历史文化保护区的延续，当时是按照历史文化价值加以区分，把五大道、鞍山道、中心花园这样一些历史文化价值高、历史建筑集中的历史片区定义为历史文化保护区，共9个，把老城厢、估衣街等有一定历史文化价值、特色稍逊一筹的历史片区叫作历史文化风貌保护区，共5个。

在规划编制过程中，我们进行了广泛的调研，查阅了大量的资料，其中1995年阮仪三先生主编的《中国历史文化名城保护与规划》让我印象很深。里面涉及北京、天津、平遥在内的100座中国历史文化名城的保护规划，各城市的篇幅都不长，天津部分共4页，由天津规划总院陈瑾琪撰写的。在"市区历史遗存保护结构"中，提出了"规划在天津市区内划出12处风貌保护区"，五大道住宅风貌保护区名列其中。

这份资料引发我们思考，国家提出历史文化名城概念，天津被纳入国家历史文化名城之后，具体如何通过规划来进行整体化、系统化保护呢？那就是以历史文化街区为抓手。但是因我们团队是做城市设计的，所以对于做保护规划真不知道该从哪里找切入点。五大道作为天津最具特色的历史文化街区，整理保护与规划工作吸引着全市的目光，为了将五大道保护工作做到最好，我们查阅了大量的资料、文献，发现历史文化街区的保护不能闭门造车，还是需要实地考察观摩。于是就跟保护处商量，请来了同济大学的邵甬教授，她很早就跟随阮仪三先生做过江南水乡的保护规划，是国内较早开展保护规划的一批学者。邵教授受邀以估衣街历史文化街区的保护规划为具体案例给了我们团队很大启发，也为五大道历史文化街区的规划保护保驾护航。在学习具体案例的基础上，结合团队擅长的城市设计，我们又进一步丰富了保护规划的内容和表达手段，后续又做了五大道历史文化街区的三维空间复原、形态设计、类型学研究等，这个成果在国内产生了一定影响，也为团队后续开展

图3-4 专家组听取汇报
左起:陈丽笙、荆其敏、谢辰生、黄景略、邵甫

其他历史文化街区的规划增强了信心。

正当我们团队在紧锣密鼓地以五大道为样本开展历史街区保护规划编制工作的时候,出现了一个乌龙事件——《南方周末》记者的报道引发专家联名举报天津拆除历史建筑。当时温家宝总理批示要严肃调查,遂派来了专家组。当时国家文物局的谢辰生老先生带队来天津听取汇报,指导工作。专家组的到来,无疑是对五大道历史文化街区规划十分好的契机,为我们已经开展两个多月规划编制工作注入了更多的智慧。我们借此开始的一轮一轮汇报,不仅平息了乌龙事件(路人不明真相,把拆除的违章建筑误认作历史建筑),更是吸取了国家级专家的建议。

我作为项目负责人向专家组汇报,开始心里有点紧张,毕竟引起了这样的轩然大波,但是我对我们团队的专业水平和专业精神是有信心的,所以汇报中对五大道历史和现状客观描述、对历史文化价值的判断以及确定整体定位和保护原则的缘由,都做了清晰的阐述,也承认由于经验不足,有些地方确实没做好,需要改进。

当时是谢老主持汇报会议,谢老先生的睿智和宽厚给我留下了难忘的印象。汇报近两个小时,大部分篇幅是汇报现状情况以及面对的困境。谢老不仅对我们的工作给予了很高的评价,还很肯定地说:"你们做了大量工作,你们是这里的主人,我们来是为了帮助天津把工作做得更好。"他的态度不是居高临下指责和追责的,而是来帮助改进工作的,大家心里的一块石头落了地。后来,无论是五大道的规划管理、规划设计还是实施运营,都在国家的重视和专家组的指导下,不断打开思路,竭尽所能达到最高水平和最理想的效果,大家工作和学习的动力很足,也引进了一些国内外优秀团队,使得五大道和天津的历史文化保护和利用成果当时在国内达到了一流的水平。谢老2022年5月份去世了,从公号上看到了这个消息,我心里很难过,泪流不止,当时的汇报场景依然历历在目。

经此一役,2013年我组织团队研究整理出版了《中国·天津·五大道:历史文化街区保护与更新规划研究》,获得了"住建部优秀城乡规划一等奖"。2015年由时任房管局副局长路红组织,天津历史风貌建筑整理公司牵头,我们共同申报的"天津历史风貌街区保护与利用"项目,获得了"第十三届中国土木工程詹天佑奖",这是中国土木工程领域工程建设项目科技创新的最高荣誉奖。两个奖都是国家级的最高奖项,五大道规划保护工作得到了国家肯定,我们的工作也得到了认可。回头望去,我心里十分感谢一个人——谢辰生

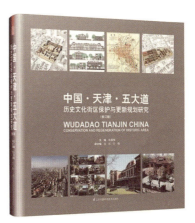

图3-5 《中国·天津·五大道:历史文化街区保护与更新规划研究》获"住建部优秀城乡规划一等奖"

31

谢老,是他和专家组给了天津一个试错和改进的空间。

2015年,住建部协同文物局又对外公布了第一批中国历史文化街区,包括北京市的皇城历史文化街区,天津五大道也是在2015年的时候进入了第一批30个街区的名单之列。目前14片历史文化街区保护规划的内容,现在已经成为规划和自然资源局保护处在历史文化街区内所有建设项目的审批依据,同时它也是天津市国土空间总体规划中历史文化名城保护规划专项中最重要的组成部分。

金龙起舞　推动海河两岸综合开发改造

任何一个城市的规划都需要考虑整体和部分之间的关系,在天津的城市规划中,永远绕不开的就是海河。世界上著名的城市都有一条著名的河流,如巴黎的塞纳河、伦敦的泰晤士河、墨尔本的雅拉河、上海的黄浦江、南京的秦淮河,举不胜举。海河是天津的母亲河,最初的天津卫城北靠三岔河口,奥、匈、意、俄、比、英、法、日、德纷纷在海河沿岸开辟租界,北洋新政选择了位于三岔河口北岸的地方,开辟出了不同于传统老城也不同于各国租界的河北新区。72千米的海河在天津的城市中心缓缓流过,目睹着这座因河而生的城市在600余年间的发展和演变。

1986年,国务院批复同意《天津城市总体规划1986—2000》,这是天津历史上第一个国家批准的城市总体规划。规划提出了"工业东移"发展战略和"一根扁担挑两头"的城市总体格局,符合港口城市由内河港向海口港转移和大工业沿海布置发展的客观规律。天津画家邓家驹1996年在联合国展示了根据海河历史潮漕绘制的《海河漕运图》,引起很大反响,联合国教科文组织致函天津市政府推动海河规划。那个时期,海河成为社会各界讨论的话题。规划设计好著名学者冯骥才眼中的天津之"魂"——海河,是压在我们规划人肩上的重任。

1999年8月,国务院批复《天津市城市总体规划1996年—2010年》后,海河两岸综合开发改造拉开了序幕。总体规划为海河明确了定位:服务型的经济带、景观带、文化带。我们把这个项目称作"金龙起舞":海河蜿蜒流过天津城,绵延72千米入海,宛若一条沉睡的巨龙,俯卧在津沽大地上,海河综合开发改造的实施就是要带动天津城市经济、社会、文化事业的整体腾飞,让金色巨龙充满活力地舞动起来。

海河综合开发改造过程中还有个插曲,当时总规划师是霍兵,他记得市领导和天大水利系教授曾有过一段争吵,水利专家坚持说防洪第一,要加高防洪墙到地面2米多;但市领导认为海河两岸建这么高的防洪墙,不仅阻断了人和水的关系,更像一道割裂城市的伤疤,不是直辖市该有的城市景观。水利专家从安全的角度考虑,因为1939年、1963年,海河曾两次泛滥成灾,在毛主席"一定要根治海河"的号召下,通过在海河上游建起大量水库,同时挖深河道多管齐下,基本把洪水问题解决了。市领导尊重学者的建议,为了兼顾安全和美观,率领规划资源局领导、总规划师多次赴京沟通协调,

图3-6　2002年海河两岸土地利用规划图

33

在国家海河流域治理委员会编制的新海河流域防洪规划中,适当加大永定新河和独流减河泄洪流量,将海河干流泄洪量从之前的每秒2000立方米减少到每秒800立方米。这样一来,海河的堤防高度可以大幅降低,海河两岸综合开发改造也因此具备了基本条件。

海河两岸综合开发改造规划设计项目有很多突破点,其中之一是打破了天津规划史上的汇报记录,规划小组分别向市人大、市政协领导汇报,向部分市人大代表、政协委员汇报,主动上门征求相关区政府的意见,多次向文化界、历史界、企业界、金融界进行专题汇报,听取各方的意见,还邀请了天津市的院士们进行评议和论证。据统计,各种汇报、征求意见组织了数十场,面对面汇报2000多人次。相貌英俊、口才好的秦川(规划总院二所原所长,现任蓟州区政协主席),成为汇报海河规划的专业户,不停地汇报,广泛听取各方意见,规划越来越完善,文字越来越流畅、优美。七彩的海河,统筹的规划,从历史文化、产业经济、景观环境、生态建设、道路交通、旅游休闲六个方面,通过水体治理、堤岸改造、桥梁隧道、绿化广场以及灯光夜景、公共建筑、整修置换等10项大工程,使得天津城市整体功能得到优化和提高了,实现了跨越式发展。

我们现在可以看到海河上游的三岔河口、古文化街、意风区、解放北路等,从中式传统到西洋风格的历史街区,整体上都表现出了一种比较高的品质。海河两岸和周边的历史地区相互促进,带动了城市重新焕发生机,海河堤岸也通过精心设计给市民提供了优质的亲水空间。整体来讲,海河两岸地区大家的评价普遍还是比较正面的,我们看到了一种令人满意的、新旧共生、生机勃勃的效果。谁能想到今天狮子林桥天津大爷跳水的场景背后,有1996年的天津总规划的身影,更有无数幕后英雄默默地奉献和守护。

规划设计中的点睛之笔是永乐桥,桥上直径140米的巨型摩天轮被称作天津之眼,岁月流转,天津之眼展望着天津这座因海河而生、伴海河发展的历史文化名城走向世界。

图3-7　永乐桥和天津之眼

（朱雪梅,天津市城市规划设计研究总院副总规划师、天津市规划设计大师、享受国务院政府特殊津贴专家）

做历史风貌建筑的"守护者"

◉ 路　红　口述　魏天权　整理

　　历史建筑延续城市历史文脉，保留中华文化基因，是城市之根、文脉之本、风貌之基，承载历史，不可再生。一座城市里，最能够向人们传递历史记忆和信息的，就是那些久经风霜、饱含故事的老建筑了。天津作为一座历史文化名城，拥有众多的历史风貌建筑，保护、利用好这些历史文化遗产，对我来说是情怀，也是使命。

保护文物建筑　留住历史记忆

　　天津建城于明永乐二年（1404年），其后逐步成为拱卫京师的北方经济重镇。1860年后，历经九国租界、北洋统治等特殊阶段，在屈辱与反抗中，衍生了中西合璧、南北交融的城市性格，因之而遗存的大量建筑遗产，既有中国传统的官式建筑和民居，也有近代西方各种风格流派的建筑和世界各国民居，从而形成了丰富多彩的建筑风格和建筑艺术。尤其是建筑遗产中的历史人文资源非常丰厚，曾有学者做过统计，天津创造了近代中国历史上140余项"第一"，有200余位名人政要曾在天津留下了寓所、足迹和故事。这些建筑遗产和人文资源构成了天津独具魅力的城市资源，也是天津成为国家级历史文化名城的重要载体。

1903年前，五大道地区还是天津西南城边的一片坑洼沼泽地，后来英国将该区域扩展至英租界内，修建了一条连接整个英租界区通向赛马场的道路——马场道，随着市政管网、公共服务设施以及公园绿地的逐步完善，五大道优越的环境和完善的设施吸引了众多中国政要及社会名流在该区域置地建宅。在这个历史背景下，五大道汇聚了英、法、意、德、西等国各式风貌建筑2000多所，风貌建筑和名人名居300余处，这些建筑既遵循西方建筑风格，居住区内没有商业设施，突出居住功能，又体现了中国人的建造智慧，像五大道独有的疙瘩楼，就体现了中国工匠的智慧。在民国时期，以五大道为代表的租界地成为下野政客的避风港，在这里留下一座王府、两任总统、七任总理、总长等名人故居，见证中国近现代百年的历史风云变幻。这里有末代皇帝溥仪故居静园、晚清庆亲王载振故居庆王府、有传奇少帅张学良故居少帅府、有"无负今日"梁启超故居饮冰室、有"我死则为国生，我生则为国死"的张自忠故居，马连良、张伯苓、曹禺、张志潭等大批文人风骨也居住于此。五大道建筑里，承载的是一个家族的悲欢喜乐，更是一个国家的近代历史见证。这些历史风貌建筑保存了特别完整的历史信息和岁月积淀，埋藏着中国近代的百年风雨烟云，我觉得这是五大道景区最核心的特色。

　　为保护这笔珍贵的建筑遗产，2005年9月1日，天津市颁布实施了《天津市历史风貌建筑保护条例》（以下简称《条例》），对受保护的历史建筑赋予了"历史风貌建筑"的法定名称。其后依据《条例》规定，先后确认了877幢、126万平方米的历史风貌建筑，并采取一系列有效的保护措施，持续开展保护工作，逐渐形成了特色的保护体系。比如，编制《历史风貌建筑保护图则》，为每栋建筑"量身定做"了保护、整修、使用的技术指南，共计1.4万多张，为全国首创。

我们编制的《天津市历史风貌建筑保护修缮技术规程》,为这些建筑保护提供了技术依据。同时,还成立了天津市历史风貌建筑保护专家咨询委员会,聘请的专家并不拘泥于建筑界,还涉及了房地产经济、法律、历史文化等领域;既有北京、上海的专家,也有香港的委员,形成了多元的高层次专家体系。

在我看来,对于历史风貌建筑的保护,就是要最大程度地保护其真实性和完整性,这就需要对建筑的历史发展有着全面和深刻的把握,保护要建立在对城市整体风貌特点准确理解的基础上。天津1986年被评为国家历史文化名城的价值点就在于中国传统的明清古城和中西合璧的近代租界文化交相辉映的城市风貌,即娘娘庙、玉皇阁、老城厢等建筑展现的450余年明清古城发展脉络以及五大道、一宫花园、解放北路、中心花园等具有100多年历史的中西合璧建筑形成的近现代历史风貌。

印象最深刻的是,我们对877幢历史建筑建立了完善的基础性建筑档案并进行测绘,同时借鉴法国等国家的先进经验,对每幢建筑量身定做了一整套的保护图则,其中甚至包括了门窗等建筑使用说明。仅凭借法规保护还是不够的,还要有积极的保护措施。为此,政府投入一定的资金,成立了天津市历史风貌建筑整理公司,将住在大杂院的老百姓腾迁出来,使建筑得到积极的保护,既恢复其本来的建筑功能,也提升了群众的居住条件。在监督方面,我们认识到必须要有群众的参与和支持,因此,我们聘请了包括专家学者、社区居民、高校师生、志愿者在内的社会监督员,帮助我们一起保护老建筑。我经常能够接到来自志愿者的举报电话,告诉我们哪里在拆房子、哪里对建筑有改动。在这个过程中,市民感受到的是自豪感和作为城市主人翁的心态,天津的城市文化和城市精神就在潜移默化中培养起来,形成良性循环。

在五大道风貌建筑保护工作中,一方面,我们重视五大道历史文化街区的基础研究,之前我们组织过《新时代下天津名人故居文化旅游资源活化利用》课题研究,利用已有的不动产登记和文史研究成果,对天津名人故居资源作了系统梳理,五大道属于近代名人故居的聚集地,在综合研究的基础上,对五大道名人故居的历史价值、文化价值、艺术价值和科学价值进行综合评估,提出了"万国建筑博览线"历史文化特色旅游线。另一方面,我们坚持整体保护的理念,坚持最大限度保留和真实保护的原则,在保护思路上,通过采取微更新的"绣花""织补"方式,以小规模、渐进式的节奏,推进五大道历史文化街区的有机更新,使之成为活态文化、动态文化,不断赋予其符合时代潮流的全新生命意义和价值取向,这是天津城市文化与历史风貌建筑有机结合的宝贵经验启示。

2019年1月17日,习近平总书记在视察位于我市历史文化街区内的梁启超旧居时,做出了"要爱惜城市历史文化遗产,在保护中发展,在发展中保护"的重要指示,这成为我市历史文化名城保护工作的重要遵循,为新时代天津历史文化名城保护和城市的有机更新指明了方向。

在保护中发展　在发展中保护

众多的历史建筑修缮完毕之后,具体要如何利用和发展,一直是许多人都在探索的课题,是坚持纯粹的保护,还是给老建筑赋予新功能,甚至是投入运营创造价值呢?

在历年的保护实践中,我们逐步形成了独具特色的保护理念——"保护优先,合理利用;修旧如故,安全适用"。相继成立了天津市历史风貌建筑保护委员会、专家咨询委员会、保护风貌建筑办公室和社会监督员队伍,市区两级房管局建立了专门的执法队伍,建立了执法档案,建立了历史风貌建筑地理信息库,从而构建了"政府主导、专家咨询、部门负责、企业运作、公众参与"的全方位保护管理体系。为确保历史风貌建筑安全、可持续,挖掘传统建筑技术和工艺,针对保护难题进行科研攻关,将先进技术和传统工艺相结合,从而对建筑的损害最小、干预最少,确保历史的真实性和完整性。此外,还借鉴了世界遗产委员会在《实施世界遗产公约的操作指南》提出的评价世界文化遗产的标准,结合天津的实际情况,建立了涵盖建筑保护各阶段、全方位的价值评估体系,从而形成了保护监管、合理利用和可持续保护的依据。

天津在实践中,将历史风貌建筑的保护与合理利用、文化传承相结合,坚持"政府引导、企业运作",成立了专门的整理、修缮队伍,在运作模式、资金保障和项目整理方面形成了独具特色的整理体系。以静园——溥仪旧居整理为例。静园建于1921年,是中国末代皇帝爱新觉罗·溥仪居住近三年的旧居。整理前共有居民45户,房屋损坏严重,院内环境脏乱。2005年,依据《条例》对其进行了整理。经过价值评估确认静园的独特价值:一是历史价值。该建筑见证了中国末代皇帝溥仪的人生转折,他在这里经历了"皇帝—逊帝—卖国者"的过程。二是建筑价值。该建筑以西班牙民居为原型,结合日本木构建筑的装饰元素,采用中国传统建筑的建造方法,是20世纪20年代天津折中主义建筑的代表作品。依据价值评估,进行了建筑整修。整理完毕后,静园开辟为国家AAA级旅游景区和展示溥仪人生变化、中国近现代历史的一个重要窗口,成为爱国主义教育基地和科普基地。

图4-1 整修后的庆王府

图4-2 整修后的先农大院成为打卡地

经过多年的实践,我们对877幢历史风貌建筑建立了基本档案和安全档案;整修了310幢、66.53万平方米建筑;腾迁整理了80余幢建筑;五大道、解放北路、一宫花园等历史文化街区和静园、民园西里、曹禺旧居、庆王府等115幢历史风貌建筑经整理后,成为"近代中国看天津"的亮点和人文地标,发挥出巨大的文化、社会、经济价值。2015年,"天津历史风貌街区保护与利用"项目荣获"第十三届中国土木工程詹天佑奖",成为自2003年设立"詹天佑奖"以来首次获奖的建筑遗产保护项目。

我认为保护五大道历史风貌建筑的首要意义就是教育现代人,五大道建筑作为历史见证物告诉人们,在国力衰弱、政治不昌明的前提下,中国必然会挨打、受欺负,为今天的人们和后人追溯历史提供可靠的依据,也是对历史应负的责任。同时,五大道的建设理念和整体规划在当时社会背景下是十分先进的,可以说是一本很好的建筑历史教科书,在保护这些建筑的过程中,我们见证了当年严谨的施工工艺、坚固实用的建筑材料,我们一直坚持从建筑遗产中收集和传承精湛的建造工艺,我觉得这对于研究中外建筑也具有非常重要的意义。

每个国家都有一套历史建筑保护理念,像意大利的罗马和佛罗伦萨等城市的古建筑保存可用"整旧如旧"来形容,他们将城市历史遗迹自然地融入正常生态之中,周围的建筑要努力与之和谐,这是我了解到的一些国外理念。

在历年的保护实践中,我们也逐步形成了独具特色的保护理念,其中,"修旧如故"是在"修旧如旧"的原则指导下,除了定性以外,增加了定量的方法,就是价值评定。不同于英国和意大利,我们的价值评定方法更加注重历史风貌建筑的有机运转,在保护历史环境的基础上,注重找到潜在的经济、社会及文化价值,渐进式地承担起当代社会赋予的新的城市职能。

参照对世界文化遗产保护的做法,我们通过建立保护图则,对保护建筑进行价值评定。例如五大道的庆王府,我们说它是中西合璧的建筑,这其中包括建筑材料和工艺方面既有从国外引进的水刷石、水磨石,同时又有中国的琉璃技术;建筑形式方面既有欧式风格,又有庭院、风水等浓厚的中国元素;历史人文方面,要从建筑建造者、居住者的变化方面进行梳理,价值判断点找到了,修旧如故的保护原点也就找到了。因此,我们认为庆王府最鲜明的历史特征就是载振1925年至1947年居住的这段时期,所以我们一项一项进行考证,把与价值点有关的痕迹、信息一一修复。总的来说,我觉得判定五大道历史风貌建筑"旧"和"故"的标准,主要是能否还原建筑的历史价值和建筑价值,同时兼顾历史建筑发展的生命力。

全民参与　守护历史文化遗产

建筑是社会发展和城市变迁的见证者,也是培育文化自信的重要载体,在建设国际化大都市过程中,留住城市历史文脉是至关重要的一件事。

五大道建筑遗产承载的历史、文化信息是今天城市发展的宝贵资源和文化基因库,五大道历史风貌建筑有着不可替代的作用。我认为五大道未来也是传统技艺的传承者,现在常常有人感叹现代建筑不如历史建筑精美,细节不精致,质量不高。除了建筑审美观、建造技术的时代差异外,一定程度上还取决于当时建造者的手艺和精神,即工匠精神。在保护这些建筑的过程中,我们见证了当年严谨的施工工艺、坚固实用的建筑材料。比起材料,传统建筑工艺的失传更令我们担忧,特别是天津中西合璧建筑的修复技术很容易失传。目前,天津的老师傅已为数不多,所以挖掘整理规范历史风貌建筑的修缮技术、培养专业化的修缮队伍是一项重要并且紧迫的工

图4-3　2014年，天津市国土资源和房屋管理局、天津市历史风貌建筑整理有限责任公司编著的《静园大修实录》

图4-4　2014年，天津市国土资源和房屋管理局、天津市历史风貌建筑整理有限责任公司编著的《庆王府大修实录》

作，我们一直坚持从建筑遗产中收集和传承精湛的建造工艺，请代代相传的手艺人演示建造工艺，制作成录像片进行传承，同时请他们手把手地将手艺传授给专业学生。

为全面、系统地留存工程档案，记录修复内容，呈现修复过程，展示修复细节，深化学术研究，总结工程经验，给文物保护工作者留下一本可资参考的工程记录，我们联合天津市历史风貌建筑整理有限公司整理编写了这本《大修实录》。以图文并茂的形式，全面、翔实地记录了庆王府、静园等整修前后的状况、整修的理念和整理内容，历史变迁与营建过程，区位及人文环境概况，现场查勘，方案设计与设计文件的编制，工程管理规划与质量保障体系，既有对历史的回顾，又有对功能定位和现代科技的应用。

让我印象最深刻的应该是天津老百姓对这项工作的关注。有一段时间，我们在《天津日报》上刊登一些文章来介绍天津经典建筑遗产的情况，一共连载了200多期。有一位近80岁的老先生把每一期报纸都收集并且剪贴下来，做成一本集子,特意跑到我的办公室来让我给他签个字。当时,我看到他的剪报集就特别感动。他说,通过收集这些文章,他还教育儿孙了解天津的历史文化是多么深厚。这让我觉得做这项工作特别有意义。在天津有年龄不一、各行各业的志愿者,他们都在没有任何报酬的情况下保护着天津的建筑。他们经常会自费收集和出版一些出版物来做宣传,看到有破坏建筑的行为,这些志愿者都挺身而出,协助政府做好历史风貌建筑保护工作,我觉得这些都是我们做好保护工作的基础。

五大道地区拥有20世纪二三十年代建成的具有不同国家建筑风格的花园式房屋,建筑面积达到100多万平方米。其中最具典型的300余幢风貌建筑中,英式建筑、意式建筑、法式建筑、德式建筑、西班牙建筑,还有众多的文艺复兴式建筑、古典主义建筑、折中主义建筑、巴洛克式建筑、庭院式建筑以及中西合璧式建筑等,被称为万国建筑博览苑,游走在五大道,有如厦门鼓浪屿、青岛八大关的小清新之感。五大道上的小洋楼数不胜数,比如:顾维钧旧居。顾家是嘉定望族,顾维钧从小就有非常好的读书环境,13岁考入上海圣约翰学院。后赴美留学,在哥伦比亚大学学习国际法和外交学。回国后在唐绍怡的推荐下,顾维钧成为袁世凯担任总统时期的英文秘书,顾维钧也是在巴黎和会上五名代表谈判代表之一,最为年轻。日本代表无视中国主权,企图将德国在山东的权益让给日本,中国代表毫无准备,顾维钧当即发言,剖析得清清楚楚,批驳得铿锵有力,最终提出不公开顶撞但拒绝签字。后来在北洋政府走马灯似的变换内阁的几年里,他一直是外交总长,还在张作霖时代担任内阁总理。张作霖后来仓促回沈阳,路过天津的时候顾维钧回到天津歇脚,这才幸免于难。又如:张作相旧居。张作相是民国时期奉系将领,辅助张作霖张学良两代,是奉系的元老,九一八事变之后离开东北,投奔张学良,继续效力东北军,后来张学良被囚禁,张作相也就辞职脱离政界,寓居天津。可是一家老小40多口人的生活让他犯了难,由于他当年的资产大多在东北,东北沦陷后也就没了收益。张学良曾一次接济他15万,他在天津的寓公里算是以节俭著称的……这里,每一座别墅的背后,都有一段历史典故或者一位历史人物,在这里可以尽情地沉浸在历史的长河中,体会不一样的故事。

在保护中发展,在发展中保护,如今已经成为了文物管理部门、专家学者和社会大众的一种共识。回望那些在时间长河中,默默见证世事变迁的一座座老建筑,就像是用时光打磨出的瑰宝,闪耀在我们的城市中,如今,它们作为文物,承载着厚重的历史,用各自的故事,诉说着光阴,也惊艳着我们。

我在天津这座包容开放的城市生活了40多年,深刻体会到城市文化对市民性格的塑造作用,希望五大道历史风貌建筑保护工作在带给天津市民文化自信的同时,天津市民也用自己的方式保护历史风貌建筑,这些建筑不仅是天津的财富,是中国的财富,也是世界的财富。作为一名历史文化工作者我仍将通过展览、讲解和教育活动,让更多的人了解文物的历史背景和文化内涵,从而更好地保护和传承文化遗产,让老百姓从中受益,让文化真正活起来。

(路红,天津市规划和自然资源局原副局长、中国文物学会常务理事、享受国务院政府特殊津贴的工程技术专家;魏天权,人民政协报驻天津记者站兼《天津政协》杂志记者)

五大道于我一生至关重要

◉ 祖　光　口述　刘云云　整理

每天伴着渐渐散去的晨曦,我驾车汇入川流不息的出行大军,从梅江驶往桂林路上的工作室,日复一日,少有休息。尽管已经从电视台退休,但我的纪录片创作却从未停歇,反而进入了高峰状态。

回到五大道,回到出生长大的地方,回到这一片让我魂牵梦绕的街区,一切似乎都是缘分。五大道对我一生至关重要,我的五大道情结或许与众不同而又殊途同归。

五大道是我的出发点,也是落脚点

1955年,我出生在五大道中的常德道与昆明路交口,住的是以前李善人的房子,在那里长大,在那里成家,直到而立之年才搬出。小时候,我是个"孩子王",经常带领几个邻居家的孩子,推着铁环在五大道的几条街上奔跑、玩耍。

我小时候的五大道街区特别宁静,一座座小洋楼里住着的不是名人后裔,就是医生、教授、高级干部这样的人,他们举止温文尔雅,从来也听不到大声的喧哗和噪声。那时候汽车也很少,街道非常安静,也就是像我们这样的小孩子到处跑时,显得有些吵闹。而在宁静的深处,是一段段尘封已久的历史,那一栋栋小洋楼里装满了一

47

个个不平凡的故事,这种印象深深地留在了我的脑海里。后来我在纪录片《五大道》的解说词里这样写道:"漫步在五大道,仿佛走进了一座英伦小镇,这里充满着异域风情。你会感受到,一条条林荫小路,流淌着岁月时光;一幢幢名人故居,埋藏着历史风云。"

只是那时我还年少,一切都懵懵懂懂。

我小学读的是五大道里的体育馆小学,当年那是一所很好的学校,四年级时因为"文革"停了课。中学我就读于西康路和贵州路交口的九十中学,也是一所好学校,校舍楼和操场非常大,是20世纪50年代苏联援建的,号称"亚洲第一中学"。1972年初中毕业后,我分配了工作,当过护理员、当过工人,还干了8年教学管理工作。

20世纪80年代,中国社会呈现蓬勃复苏的迹象,整个社会的流动性变强,人们的思想也变得活跃起来,青年人通过自己的努力实现梦想和目标,我命运的齿轮便在这一时期开始转动。渐渐地,我发现自己对写作很有兴趣,也写过一些"豆腐块"文章见诸报端。

1985年是我的而立之年。这一年,我身上发生了两件大事:一是从苦读三年的电大汉语言文学专业毕业;二是单位(市科技进修学院)分配给我了体院北的住房,从此我搬离居住了30年的五大道街区。有句老话"人挪活、树挪死",这在我身上还挺灵验的。

转年,天津电视台成立文艺频道,公开招聘编导若干名。我就去报考了。笔试的考场是在鞍山道小学,上午考的是时事政治、文学、新闻和写作,下午考的是电视编导、文艺综合试卷。中午我就在考场吃了一个冷馒头,那是一个特别寒冷的冬天。几天后揭榜了,千余名报考者只有50人进入面试,最终仅录取了7名编导,我名列榜首。通过政审后,我进入了天津电视台文艺部,成为一名电视编导。从此,开始了我近40年的电视职业生涯。

我先在文艺部晚会组当导演,办过春节晚会、国庆晚会和组台晚会,但总觉得这种工作只是把节目串联起来,缺少点儿创造性。那时我正年轻,浑身总有使不完的劲儿,渴望每一次的工作都带有挑战。当时恰有一部轰动一时的政论片深深地震撼了我,我忽然觉得拍专题片不错(那时还不叫纪录片),能够更多地表达自己的追求,体现更多的创造性劳动。

　　我拍的第一部专题片是《你好,Taxi》,我还写了一首歌,记得有这么几句歌词:"嘀嘀嘀,Taxi;嘟嘟嘟,出租车;酸甜苦辣洒满路,四轮载着四季歌……"在20多分钟的片子里,我把镜头对准了当时城市里刚刚兴起的出租车行业,把这一新兴行业和出租车司机这一新兴群体介绍给观众,在天津电视台播出后反响还不错。

　　我的第一部正式的纪录片作品是1989年创作的10集系列片《走向世界的历程》,通过这部纪录片的创作,我大开眼界,开始以一种大格局的历史观和人类文明的汇通理念去创作纪录片。

　　没想到一进入纪录片这个领域,我就沉浸进去了,直到现在也没出来。如果要问,是什么魔力让我把大半生都奉献给这个职业?那无疑就是纪录片本身的魅力,纪录片其实是一个透过文化、了解人心、表达思想、传递精神的途径。纪录片人在创作的漫长心灵磨洗中,知人、知己、知心、知敬畏、知生死、知天地。在千锤百炼后的悟道中,找到一种人性的精神高光,而高光所指,是"众里寻他千百度"的觉悟,是马克思称之为:人类最为重要的特质——"创造性冲动"。

　　正是这种魔力让我每每欲罢不能,把自己人生最美好的岁月都奉献给了纪录片事业,让时光化为一部部作品,作品又凝结着我的心血和弥足珍贵的情感。我已经分不清这是我的职业,还是我的生命;这是一份坚守,还是一份情怀。

30多年来,我先后创作了《走向世界的历程》《生产生活生命》《丰碑》《中华魂》《红报箱的故事》《情满三峡》《延安时代》《解读皇粮国税》《伟大的历程》《五大道》《有个学校叫南开》《过年的画》《津门往事》等纪录片作品。三次获得中宣部"五个一工程"奖,六次获得中国广播电视政府奖,多次获得中国电视"星光奖""金鹰奖""金帆奖"等国家级大奖,以及"中国文献纪录片二十年经典作品""中国改革开放三十年经典作品""新中国60年有影响的60个节目""新中国70年典藏作品"等荣誉,中国电视纪录片"年度人物""最佳导演"等全国奖项,并被中国传媒大学授予中国纪录片学院奖"特别贡献奖"等,从而奠定了我在全国纪录片业界的地位。2017年,我荣幸当选为中国电视艺术家协会纪录片学术委员会常务副会长(主持工作),这既是一份荣誉,更是一份责任。

回顾职业生涯,最终形成了我个人鲜明的创作风格和美学表达方式的,也是让人们记住我和我的作品的,是在10年前——

或许,冥冥之中,我在等待一个机会,一个天时地利人和的机会,一个让我重温记忆、重新发现天津的机会,这个机会就是纪录片《五大道》的创作。3年多的创作历程,播出后近10年来的持续回馈和反响,把我和这片街区紧紧连在了一起。

五大道,既是我的出发点,也是我的落脚点。

拍摄《五大道》,我读懂了天津这座城市

在五大道中生活的30年,让我非常熟悉这里的一草一木、一砖一瓦,但我并非真正懂得她。真正读懂她,读懂自己生了60年的这座城市,是经历了《五大道》3年创作转型的艰难历程之后,这种艰难是近乎涅槃似的苦难。

2010年，55岁的我担任了天津市政府参事。作为政府参事，每年都要撰写《参事调研报告》，这是参政的责任。当时我和陈雍先生、郝希山院士三个人联合写了一篇调研报告《天津城市文化传承与发展》，分析了天津城市文化的特点，天津有哪些优秀的文化基因，我们应该怎样传承和发扬等。其中，我提出一条建议，就是拍摄一部关于天津的人文历史纪录片。这个建议得到了市领导的重视，经过前期多次调研和论证，2012年12月，这个选题正式立项，就是后来风靡海内外的9集人文历史纪录片《五大道》。

童年和青少年时期在五大道度过的岁月，见识过的人和事，对我产生了很大影响。小时候不懂安静的五大道背后积淀的文化。但随着年龄的增长，我开始思考：为什么这座城市会有独一无二的九国租界？为什么洋务运动会在天津兴起？为什么这么多历史人物会在这里聚集？

带着青少年时代的疑问，我从2012年重返五大道，开始了对这段历史的追寻，也展开了自己在纪录片创作上转型的探索。

在天津人看来，"五大道"是个约定俗成的称谓，早先是指马场道、睦南道、大理道、常德道、重庆道这五条街道。后来泛指由马场道、南京路、成都道、贵州路、西康路合围而成的方圆1.28平方千米的一片街区。就是这一片并不算大的街区，却有着千余座欧洲不同时期和不同风格的西式建筑，其中，仅名人故居就多达百余处。这一座座小洋楼的背后，蕴藏着的是中国近代百年风云，近代以来几乎所有的历史名人都曾与天津有些许渊源，或过客，或留居。没有哪一座城市像天津这样，从1861年至1945年间，相继设立九国租界。租界的开辟和建设，使天津成为一个高度国际化的现代城市，迅速崛起为中国北方的商贸中心、金融中心、经济中心。

图5-1　在美国国会图书馆查找五大道相关资料

　　"五大道"是天津租界的代表,解读一个独特的历史街区,破解一座城市的人文密码,翻检一段苦难与辉煌的历史岁月,有助于让人们了解百年中国,这正是我们的创作初衷。带着这样的初衷,我们开始了历时3年的创作历程。这部纪录片最特别的地方,我认为首先是确定了"向世界讲述这个城市故事"的创作目标,于是无论从材料的选择、视角的切入、叙事的策略、构架的搭建、语言的运用,都紧紧抓住国际表达这个要义,都不脱离国际语境这个氛围。其次,我们确定了多摆事实、少讲道理的叙事策略,讲故事,讲有意思的故事,全片讲述的历史人物有70余人,现实人物39人,采访中外学者31人,名人后裔、亲历者、老居民、收藏家、志愿者及相关人士25人,从不同侧面印证着历史故事,丰富着现实生活图景。此外,我们在片中创造了一种多条故事线交叉叙事的复合结构,我把它命名为"麻花结构",这种拧麻花式的叙事,可以自由地穿梭在历史与现实的时空中,串联起不同的故事和场景,让历史和当下产生一种互动关系。

2014年10月6日,《五大道》在央视纪录片频道首播。一经播出便产生了轰动效应,这是我没有想到的,各方面的好评和反馈让我感动不已。其中有两位特别的观众,距今快10年了,我一直忘不掉。

《五大道》播出后,不仅在国内引发了收视热潮,海外反响也同样热烈,在海外的很多华人华侨口口相传,争相在网上观看这部片子。有一个居住在纽约的天津小伙子,已经在美国生活了十几年,之前每当别人问起他是哪里人,他都会说自己是中国北方人,别人再具体问是哪个城市,他就说是北京人。而当他看了《五大道》后,内心受到极大的触动,原来自己的家乡天津是一座有着如此厚重人文历史的城市,从此以后每当别人再问起来,他就很骄傲地说自己是天津人,他从历史中找到了一种自豪感。

还有一位天津的老太太,她是五大道的老住户,后来搬去了其他地方。《五大道》播出时,年逾80岁的老太太因心脏问题,正住院接受治疗,由于医院里收看不到央视纪录频道,老太太执意要出院回家看。家人拗不过她,只好同意了。看到第三集时,老太太心情特别激动,泪流满面,她看到了自己熟悉的街道和过去的事,如同往昔时光重现。看着看着,她就含着泪水睡着了,没再醒来。这件事情是后来过了一段时间,朋友告诉我的,我刻了一张《五大道》的光盘,托朋友转交给老太太的家人,摆放在她的遗像前,让她把片子"看完"。这也是《五大道》播出后刻录的第一张光盘。

每每回想起这两件事,这两位可爱、可敬的观众,我总是感动不已,我常常想作为一个纪录片人,作品能有这样的反响,再苦再累也是值得的;用心血浇灌出来的作品能够有这么大的传播力和影响力,我觉得自己做了应该做的事情。

创作四部纪录片，用影像再现天津文化和天津气质

前面说过，活到60岁，通过拍摄《五大道》，我才敢说自己真正读懂了天津这座城市。

天津是一座很有味道、很有魅力的城市，在很长一段时间里，人们对她的描述和想象过于片面和狭窄，一说起天津，就是好吃的、好喝的、俏皮贫嘴的话，等等，而没有挖掘出这座城市真正的内涵和底蕴。作为天津人，我认为天津最吸引人的其实是她丰厚的历史文化和独特的精神气质。我一直想把自己对天津的认识更形象、更具体地表达出来，而纪录片就是我最好的表达方式。

《五大道》取得成功之后，我和团队又陆续创作推出了《有个学校叫南开》《过年的画》《津门往事》这三部有关天津人文历史题材的纪录片。这四部纪录片总时长1500分钟，我们希冀用人物情感、时代命运、社会图景、人文气象建构起四个维度的影像人文空间，视觉化再现天津的历史文化和精神气质。

《五大道》是以一片历史街区话中国近代百年风云，把近代以来天津饱受屈辱又领风气之先的那段苦难与辉煌并存的历史呈现出来，把开放、包容、海纳百川的城市文化品格展现在世人面前。

《有个学校叫南开》是以一座名校话百年天津，以百年南开回答"教育三问"，思想的锋芒直指城市文化的"天花板"。

《过年的画》讲的则是天津老百姓的故事，充满烟火气的故事，传达出社会底层的温暖和力量。从民风、民俗、老城文化这个维度认识天津，这些民间习俗和老城故事，正是天津城市的文化底色。

《津门往事》又是秉持大历史观，讲的是1840—1949年近代百

图5-2 《五大道》拍摄现场

年时空中,发生在天津并影响着中国的十大历史事件,剖析近代中国怎样走上了这样一条艰难的探索之路,它不仅是天津的历史影像志,更是近代中国的缩影图。

通过这四部纪录片,我们把整座城市的一种精神气质和历史文化时空"搭建"起来,观众如果连续地看完这四部片子,就会感受到天津这座城市是立体的、丰满的。她的味道和魅力不仅是河海交汇、湖光山色的自然景观,也不仅是数千座小洋楼组成的万国建筑风景线;而是在五大道、意风区这样的历史风貌街区中飘逸着的浓浓风情味、淡淡咖啡香;是老城里习俗依旧笑春风的执守;是天津人心中那种"曾经沧海难为水,忘却巫山不是云"的豁达和骨子里透出的幽默;是方言、民俗等"文化岛"林立,而又能和谐共生、"美美与共"的人文气象。

纪录片是一个国家、一个民族、一个地区的影像志。我希望通过10年来的挖掘、提炼和表达,借由这四部纪录片,努力建构天津这座城市的身份规划和记忆工程,也是属于天津的影像人类学工程,这在国内城市中是独一无二的。天津值得,因为她有着深厚的历史文化沉淀;天津也可以做到,因为有一批批的有识之士一直在努力着。

60岁重返五大道,持续深挖天津这张亮丽名片

近10年前,因为纪录片《五大道》的热播,五大道一下子为人熟知,成为天津一个地标性的街区,一张彰显城市形象的亮丽名片。国内其他省市的游客,甚至外国友人纷纷来天津,到五大道走一走,看一看,品味她的独特魅力。尤其近几年来,我们都能看到,五大道街区的旅游是越来越火热了,一到周末和节假日,人声鼎沸,车水马龙,真正擦亮了这块旅游热门目的地的招牌。我有时候周末开车去五大道的工作室,都要在桂林路上堵很长时间,确实是亲身感受到了五大道旅游的持续升温。

五大道对我一生都至关重要,这里充满我儿时的记忆、青春的梦想,也是我成家立业的一个基石。特别是搬出五大道的30年后,这个地方又成为我创作高峰的立足点,成为我事业转折的发力点。少年时期的我在这里受到人文的熏陶,青年时在这里扬起了梦想的风帆,花甲之年又回归这里,把一生的创作积累和生命感悟,像创作一幅画一样创作出了《五大道》这部纪录片。

因此,我从内心里特别希望五大道的文旅开发,能够深挖自身的优势,打造得不同于那些所谓的网红打卡点,一个散发着独特气质和自身个性的历史人文街区。曾经祥和宁静、充满异域风情的五大道,不仅仅是"万国建筑博览会",她更是一片能给人带来人文熏陶和历史感知的街区,一个有着独特的历史价值、文化价值和审美价值的文旅圣地。

持之以恒地挖掘五大道的独特魅力,讲好五大道的故事,希望五大道越来越好,这是我作为一个五大道老居民的心声和期盼,也是我在60岁后重返五大道的初衷和希冀。

(祖光,中国电视艺术家协会纪录片学术委员会第三届常务副会长、天津市文史研究馆研究馆员;刘云云,海河传媒中心天津日报副刊部编辑)

熠熠生辉五大道

◉ 徐 虹

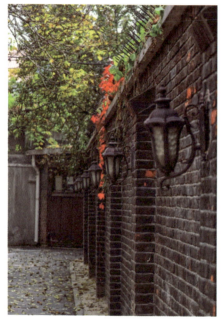

图6-1　秋天的五大道

"北京四合院,天津小洋楼",一座城市有一座城市的独特文化,而五大道就是天津得天独厚的文旅资源。一年四季,五大道各具其美。春天,穿行在大理道的海棠花海中;夏天,徜徉在睦南花园的月季盛宴里;秋天,在民园广场感受风轻云淡艳阳天;冬天,漫步五大道细品小洋楼悠悠往事。说不尽的五大道,以其独特魅力吸引着越来越多的中外游客纷至沓来。

　　五大道是天津的一张名片,也是天津人心中最美的风景。生活在这座城市里的人们,爱上五大道是一件自然而然的事情。我作为一个在天津市和平区出生的地道天津人,对五大道的感情和记忆更是深刻和美好的,特别是从1984年开始从事旅游教育科研工作以来,看待五大道的视角又多了一份专业的体验和理解,也在工作中不断接触五大道发展方面的研究,似乎又加深了认识和对它的热爱。

走近五大道,研究五大道

由于与五大道结缘时间太久了,从何时开始已经记不清楚了,只记得小学时分小组捡废钢铁,还要互相比赛哪个组完成得好。孩子都是争强好胜的,我们组几个小伙伴一起将收集的废铜烂铁送到废品收购站,当时就是从成都道过去的。后来在一中读初中的时候也常去五大道玩儿,在童年的记忆中只觉得它很洋气,也很气派,想象着在一栋栋小洋楼中人们的生活会是啥样的。直到工作以后才有机会走进小洋楼里面,记得那是一次在成都道上的一座小洋楼有个烫发的小店,我去里面烫发,发现是木质楼梯和地板,空间也不是太宽敞,但房子高度比普通房子要高,当时感觉与从外表看到的洋

图6-2 五大道上的雕塑

楼感觉还是有差异的。我心想洋楼条件也不过如此嘛，还不如现在商品房来得宽敞。后来随着五大道发展旅游业对部分洋楼进行开发，我才真正从专业角度思考研究五大道的文化价值和历史价值。记得有一次，当时五大道地区管委会的主任王业明找到我，说是要调研一下五大道游客的满意度。我接受了这项任务后，就组织我的研究生建立课题组，先从理论上梳理游客满意度指标，并结合五大道开放型景区的具体情况设计了问卷，分别在工作日、周末和"五一"假期带领学生到现场发放问卷，收集问卷后进行统计分析，撰写了调研报告，为五大道精准出台管理对策提供了决策依据。由此又连续合作了多次，愉快的合作给我留下了深刻的印象，有时想想五大道的发展里面还有我和团队的贡献感觉挺光荣的。

在城市开发建设过程中，如何保护和利用好城市独有的不可再生的历史文化遗产，使之成为迈向现代化过程中的重要优势资源，是许多城市面临的迫在眉睫需要解决的重大难题。天津作为国家级历史文化名城，历史风貌建筑集聚。"百年中国看天津，近代天津看和平"，五大道作为历史风貌建筑的聚集区，适度利用合理开发应该成为和平区文旅业发展的底线思维。文化遗产分为有形文化遗产和非物质文化遗产，是具有历史文化价值、艺术价值、科学价值的文物。联合国教科文组织《保护世界自然和文化遗产公约》的颁布，进一步规范了文化遗产定义，包括历史文物、历史建筑和遗址三类在内。对于文化遗产类景区来说，面临的最大困难是如何处理好保护与开发的关系。随着大众旅游的兴起和旅游目的地过度关注游客接待量业绩行为的出现，文化遗产地经常出现"人满为患"的现象，旅游活动并未按照科学规律进行承载力管理。在旅游旺季的时期存在超负荷运转的状况，对遗迹建筑物本体、文化资源和所处环境造成威胁,并且超负荷的影响在游客体验上得到了体现,游客对文化遗产旅游的不满又反过来对建筑遗迹保护工作产生了不利影响,形成恶性循环。2020年我又接受和平区文旅局邀请就五大道等景区的旅游接待量进行研究分析。经过建模、抽样、问卷、访谈、测算及修正等,最终提出了五大道瞬间承载量和日承载量测算结果,并对游客结构进行了分析,提交了调研报告获得文旅局领导肯定,为进一步提高五大道服务质量和科学监控接待量提供了决策依据。一次次与五大道及和平区旅游调研项目结缘似乎是我这个出生于和平区的居民骨子里的责任和义务,每当我回忆起走进和研究五大道的经历,总有一种幸福感和荣誉感油然而生。

擦亮五大道旅游目的地的品牌

五大道作为享有盛誉的近代中国历史的缩影之地,其优美的建筑、庞大的规模,尤其是近代风云人物齐聚于此形成的丰富的故事

图6-3　民园体育场内

传说激发着人们无尽的想象,对来访的游客形成很强的吸引力。五大道作为知名的历史文化街区承载了不同时代、不同阶层的集体记忆和文化情感,是天津中西合璧、古今交融城市风格的最佳诠释,其品牌知名度还是很高的。但是从专业角度来看还有进一步擦亮的空间,带着对五大道的热爱和关注,我也在建言咨政中对我市历史文化街区如何打造高能级高品质高颜值的"主题商业街区"提出了建言建议。亚里士多德曾说过,"人们来到城市是为了生活,人们居住在城市是为了生活得更好"。城市街区,无论是历史文化街区还是现代商业街区,都是根据人的生活需求和生活观念所呈现出的物质空间形态,承载着城市居民日常活动、社会交往、集体回忆、事件记录、情感寄托、消费体验等多种功能。五大道要提高品牌影响力,必须在凸显生活方式营造和生活场景创造上多下功夫,在场景营造理论指导下,从消费者和"主客共创"新视角出发,把城市生活场景与文化体验、旅游消费、娱乐休闲、艺术美育等价值融为空间一体,则是实现活力、魅力和品质提升的必然要求。

随着大众旅游的不断发展,旅游已日益成为人民美好生活需要的必要组成部分,对其在城市品牌营销中的定位要发生一个转变,要从旅游作为生活方式、学习方式和成长方式的角度理解旅游发展对城市的积极带动作用。通过对街区改造建设的小切口入手,首先实现历史文化街区人气、商气和烟火气回归。见人、见物、见生活,街区中一个个变迁的生活场景讲述着古往今来的故事,记录了不同时代无数人共同的生产、生活和文化图式。生活气息孕育人群聚集,生活文化策源商业文明,生活市井饱含发展力量;其次实现消费、体验和商业模式升级。生活场景,是最深刻的文化叙事表达,是最真实的文化展演,是最沉浸的文化体验,也是最时尚的文化消费形态,将带来商业模式的变革。五大道街区更新最重要的目标是体现百姓生活百态、充实商业经营业态、丰富文旅消费形态、提升逛街体验状态,进而重新定义天津作为国际化大都市的特色生活方式、文化消费潮流和现代商业文明;再次实现城市风格、气质和魅力彰显。五大道作为近代历史的构成单元和活力细胞,其生活场景的氛围、调性和节奏,深层次决定了这座城市的个性、气质和风格。洋气大气引领时代潮流的特征,这种独特的生活方式和文化成就了天津国际化消费中心城市的内在气质和外在魅力;最后实现共情、归属和文化认同感提升。街区生活场景蕴含的文化记忆、动人故事、成长情节、美好画面等要素,有着强有力的触动灵魂、打动人心和情感共鸣作用,能够提升人们的归属感、文化认同感和精神凝聚力,让这座城市更有温度、更具热情,这将转化为建设美丽天津的发展力量。

我相信未来五大道会有更加丰富的生活场景、体验项目和精彩的文化活动不断呈现和举办,五大道作为优雅生活体验目的地的竞争力将会越来越强劲,会给中外游客带来更加独特和难忘的旅游体验。

只能在五大道体验的文旅产品

五大道作为天津的一张名片,如何进一步挖掘其独特魅力,让她更加熠熠生辉,相信这是每一个钟情五大道、热爱五大道的人都会关心的议题。

在文旅融合概念里,文化是核心、旅游产品是载体。我们要通过旅游产品这个载体让游客感受、领悟独特的文化。五大道本来就是一个有深厚文化的历史街区,如何落实"以文塑旅、以旅彰文",关

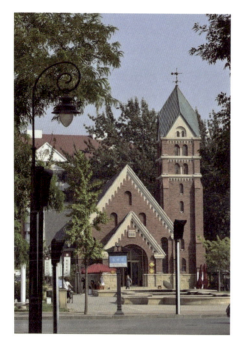

图6-4 西岸艺术馆

键在于文旅如何深度融合。很多缺乏文化嵌入的旅游产品,生命周期十分短暂。因此,要想让五大道这个旅游产品经得起实践的考验,就必须不断探索,将五大道深厚的文化与旅游产品深度融合。

首先是发挥五大道原本的优势,打造高雅生活休闲旅游区。五大道原本就是一个居住区,直到现在也是一个居民生活的地方,虽然被评定为国家AAAA级景区,但我们并没有用围墙将它封闭起来,而是保留了街区的开放性,不仅会有过境车辆,还有多所幼儿园和小学校在这里,这些都增添了这个街区的活力。

要想让游客进入五大道后感受到这里的文化,其实也不难。一般来说,游客是通过感官去体会景点的。现在五大道街区及建筑的保护修缮工作效果十分显著,可以说每一座建筑、每一条街道都显示出了文化的内涵,但还有一个更重要的方面就是生活、工作在五大道的人。每一个工作、生活在五大道的人,都是五大道旅游产品场景的组成部分。试想如果出入街巷的每一位居民、每一位工作者都带着高雅的文化气质,那么会带给游客什么样的体验。因此,有必要从地区内生活者、工作者的日常开始塑造五大道文旅融合新体验。

再递进一个层次,就是游客的消费体验里如何体现五大道的文化内涵。目前五大道街区内已经有一些消费的体验场所,包括十几家各类博物馆,特色酒吧、咖啡馆、餐饮娱乐设施以及民园广场及周边的市集活动等,都在依托五大道独特的文化优势,逐渐形成天津文旅的一个消费增长点,未来很大程度上可以成为天津文旅一大热点。但涉及与当今科技发展相结合、与老龄化社会相匹配,更丰富、更高质量的消费体验产品,还有待进一步开发。尤其未来五大道街区的游客群体,并不仅限于年轻人,银发群体消费市场也很大。如何打造适应不同人群的消费体验与活动,也是需要相关部门和行业深耕细作的。

再有就是对于微观场景的营造,要体现五大道原本精致与高雅的社区生活,就要以此为核心营造微观场,包括街坊家具、街角雕塑、公园绿地等。让漫步在五大道里的人们,随时随地能够感受到这里是一个高品质的文化街区。文创产品不仅仅是让游客买回家的纪念品,更应该是在五大道街区里搬不走的东西,让游客只能到这里来体验。

结语:讲好五大道的故事

五大道作为天津一个重要的旅游资源呈现地和旅游产品体验地,在对外传播天津城市形象方面发挥着重要作用。大量的中外游客慕名而来,甚至将游览五大道作为天津旅游的首站,无论是乘马车、骑自行车,还是步行在街道里,游客一路欣赏着各具风格的洋楼建筑,一路听着每一栋小洋楼里曾经发生的故事,想象着洋楼里精致高雅的生活场景,从中领略近代中国的历史与文化。这样的五大道之旅是美好的。

但是目前能讲好五大道故事的导游数量,并不能满足日益增长的游客的需求。很多所谓的野导游的讲述可谓五花八门。我们必须想办法用一种通俗易懂的讲故事的方式,把五大道在近代中国历史上的重要作用凸显出来,从还原生活在这里的人们,用真实、有趣的言语讲出五大道的文化和历史价值,从而达到宣传天津城市文化的效果。让游客真正认识五大道、读懂五大道,借由他们把五大道的故事带到世界的各个角落。

(徐虹,南开大学教授、博士生导师,南开大学旅游与服务学院党委书记兼旅游系系主任)

规划设计促更新

一根细红线　整部近代史

——一条经典历史文化游线的挖掘

◉ 冯天甲

作为在规划领域工作 10 余年的规划师,我越来越感受到历史文化街区是城市中最具价值的存量资源,对于天津而言,没有哪个街区比五大道更具有代表性。2010 年,我从天津大学建筑学院毕业后,有幸进入天津规划总院城市设计所,这是一支由朱雪梅大师创立、长期致力于五大道地区研究的团队。也是从这时,我开始真正走进五大道、理解五大道。

这条经典线路是来自民众的呼声

我们深知规划师常常容易陷入"自以为是""自导自演"的思维定式中,忽略了真实的街区生活和普通民众的需求感受。我们也深深地意识到,对五大道的认知也不能仅仅停留在和图纸打交道上。为了打破这种固有的局限,我们趁着周末,扛着相机,走上街头,亲身去看、去听、去感受。经过几个月的走访、聊天、现场采访,我们在五大道遇到了各行各业、各种各样有趣的人和故事,包括普通游客、街区老居民、在地商家、历史文化保护专家和学者、政府管理者等。通过公众号发起热门讨论,广泛收集信息。原本我们还担心众口难调,但意想不到的是,大家的愿望却惊人地相似,那就是五大道需要"一条线路"。

是民众帮我们掀开了眼前一直蒙着的纱,"历史文化线路"在国外成功案例不少,比如"波士顿的自由之路"。波士顿城市建于17世纪,城市历史短、各种历史文化资源散落在各个角落,缺乏自然形成的聚集。于是设计者将这些散点巧妙地关联起来,从波士顿公园到查尔斯顿,用红砖铺成一条曲折绵延3千米多的街道,沿途有独立战争遗址、不同历史时期的博物馆、教堂、历史建筑、公园、码头等。如今,自由之路已是波士顿的标志性景点,每年游客量超过400万人,可产生超过10亿美元的收入,为酒店、旅游和教育领域创造出了众多的就业机会。同样,德国、新加坡的一些城市及我国香港都在设计自己的历史文化线路。

这条绵延的红色自由之路给了我们莫大的启发。虽然历史的故事是碎片化的,历史的遗迹是分散化的,历史的空间是多元化的,但我们可以设计一条历史文化线路,将空间串联,将历史梳理,将故事展示,更是将这里的文化和精神内涵进行整合。在天津这座洋气的城市里,在英伦气息的五大道里,应该有一条能够体现近代中国发展史的中西交融近代文明风尚之路。

这条经典线路是盘活五大道旅游资源的钥匙

站在高处鸟瞰五大道,规整的街道、红色的屋顶、绿荫掩映着各式的洋楼……令人心旷神怡!(图7-1)

近年来随着历史文化街区保护与利用的推进,五大道已逐步成为知名的文化旅游目的地。它以其深邃的独特魅力、舒适的街道体验、亲人的空间尺度、千姿百态的历史建筑、荟萃的历史故事,吸引

图7-1　五大道历史文化街区鸟瞰

着全世界各地的游客。据统计,2016年五大道街区共接待国内外游客近300万人次,2023年上半年,这个数字达到近1383万人次,实现旅游综合收入7.54亿元。

今天的成果中凝聚着一代又一代规划人、一批又一批保护者的心血。1998年"天津市保护风貌建筑领导小组"及其办事机构"天津市保护风貌建筑办公室"的成立,开启了五大道地区保护利用的新篇章。1999年五大道风貌建筑区的综合整修保护工程正式启动,迄今为止,"风貌办"在五大道内分5批共认定了400余幢历史风貌建筑。2005年《天津市历史风貌建筑保护条例》公布实施,天津历史风貌建筑整理公司成立,按照"政府掌舵,企业划桨"的运营模式,推动了五大道街区从传统静态保护到在文化挖掘基础上的保护与利用相结合的市场化运营。2012年《五大道历史文化街区保护规划》批复,在它的指导下,以天津历史风貌建筑整理公司为主体,先后完成了民园体育场、先农大院、庆王府、民园西里等一系列历史文化街区保护与利用的精品项目。这些项目没有经历大拆大建,在小规模、渐进式的更新改造中,既传承着五大道一以贯之的气质和性格,更为历史文化街区注入了新鲜的血液,极大地提升了五大道地区的整体品质和城市活力。

负责天津市历史风貌建筑保护工作的路红女士曾说："五大道地区作为20世纪初至20世纪中叶中国沿海开放城市高档居住建筑最集中的区域，集中体现了中国由传统封闭型社会向现代开放社会转变的轨迹，集中展示了近现代中国居住建筑、生活方式的演进历史，是不可多得的活化历史书，具有潜在的世界文化遗产价值。"百年来，五大道洗尽铅华，凭借先进的现代规划设计思想、高品质的建筑以及深厚的文化底蕴和人文精神，在动荡的年代中一次次幸存下来，更一步步融入现代生活。它已不再被视作昔时遗物，而渐渐成了天津的一种城市标志，甚至升华为一种城市骄傲。温和而稳定的演变让它始终保持着精致的格调和优雅的气质，这也成为五大道地区独具魅力的文化基因和街区性格。

从一个规划师的视角看，我一直感觉五大道的历史文化价值和魅力还没有充分释放，也就是说五大道内丰富的资源还没有被全部盘活。想一想，五大道街区里，拥有全国重点文物保护单位46处，天津市文物保护单位15处，天津市历史风貌建筑433处，总建筑规模达到41.5万平方米。是多么难得！通过多年的努力，目前在先农大院、庆王府等文旅商业街区的带动下，以民园体育场为核心的热点片区效应正在逐步形成。但仍有大量有价值的资源和可开发的机会用地呈散点式游离于热点片区外围，而这条经典线路正是盘活这些资源的钥匙。

这条经典线路是升华五大道旅游体验的关键

基于多年对五大道扎实的研究，我们挖掘出了这条经典线路，北起成都道，经重庆道、常德道、大理道、睦南道、马场道在五大道街区内形成环形主线路,全长3.2千米,游览时间4—5个小时(如图7-2)。学习波士顿的经验,借助步道空间将实体线路嵌入街区,以经典线路为核心,开启五大道"一根细红线,整部近代史"的体验之旅。

线路通过改造替换部分现有铺地、铺设高品质地砖,形成具有明确引导的实体线路,并结合景区入口提示柱、浏览方向提示标、景点方位提示盘等地面标识以及导览标识,形成完善的实体导览系统(图7-3)。

通过这条整合了五大道历史、文化、空间的经典线路让游客的五大道之旅更加多彩。

领略公共空间是五大道之旅的认知体验。入口是进入五大道的第一印象,我们结合轨道站点和开放空间,塑造六个可识别的入口门户,营造聚客锚地,完善落客条件,增强游览指引性和吸引力。沿线路街道采用适当缩窄机动车道,拓宽慢行道断面优化设计,以围墙、绿植、商业外摆、街道家具等的细腻设计塑造舒适的林下漫步、休闲空间。同时,对沿线历史风貌建筑进行精心的立面修缮,使其焕发光彩(图7-4、图7-5)。

图7-2　五大道体验之旅线路

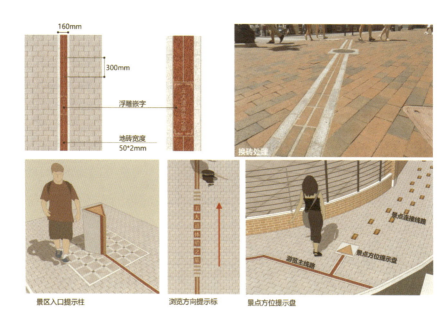

景区入口提示柱　　　浏览方向提示标　　景点方位提示盘

图7-3　五大道体验之旅导览系统

图7-4　北入口——抗震纪念碑广场

图7-5　南入口——西岸教堂公园

探访名人故居是五大道之旅的魅力体验。五大道里的名人故居展现了西方不同时代和文化背景下的建筑风格,除了体现当时的建造技术之外,更反映了社会风尚以及主人的经济实力、眼界和审美情趣。近代中国看天津,而天津的五大道更能从一个侧面反映近代中国的发展。经过甄选,我们的线路串联了50处名人故居,其中包括1位美国总统——胡佛;1位奥运冠军——李爱锐;2位清朝遗老——庆亲王载振、张兰德;2任中华民国大总统——曹锟、徐世昌;5任中华民国国务总理——潘复、张绍曾、顾维钧、龚心湛、颜惠庆;4处近现代史迹——毛泽东、周恩来下榻处(孙氏旧居)、天津战役时杜建时隐身地、伪满洲国领事馆(颜惠庆旧居)、孙殿英旧宅(东陵大盗行销毒品、军火、假钞的据点)。

这些故居建筑风格上大致可以分为古典主义、折中主义和现代主义三种。古典主义风格又分为英式、西班牙式、德式、意大利式、法式、哥特式等,它们也几乎代表着五大道建筑中最有鲜明个性和历史价值。比如,润园(原为民族资本家孙氏旧居,新中国成立后毛泽东、周恩来等中共中央领导人曾在此下榻),庭院住宅为西班牙乡村别墅风格,外形简朴而细腻,门窗深陷,形态自由,水波纹白色拉毛灰墙具有浓郁的地中海风情(图7-6)。

张作相旧居(张作相曾任奉天警备司令,国民政府吉林省省长),典雅哥特风立面造型,竖向线条明显,墙面凹凸多变,窗子密而瘦高,窗下多有雕花(图7-7)。

许氏旧宅(张作霖三姨太许氏),采用双坡屋顶,陡峭的屋顶下突出木梁,体现的是19世纪英国浪漫主义建筑的特点(图7-8)。

折中主义风格生动地体现在五大道里一些式样混合但依然具有浓郁风格特征的建筑上。比如孙殿英旧居代表了殖民地后期将

图 7-6 润园

民族风带入室内装饰的特点,是传统的哥特式和文艺复兴式的混合,显现出折中主义的建筑特征(图7-9)。

庆王府为内天井围合式建筑,两层外檐均设通敞柱廊,建筑形体简洁明快,有现代建筑之风,但建筑内外多处采用中式传统建筑元素,如琉璃等,看起来颇为怪异(图7-10)。

这条经典线路凝练了五大道内最具价值、最有影响力的历史文化展示线索。

图 7-7 张作相旧居

图7-8　许氏旧宅

　　寻觅街坊里弄是五大道之旅的情感体验。五大道街区拥有极为丰富生动的街巷空间,越是靠近街区内部的街巷,其格局与尺度越是保留历史原真性,风貌特征也越明确,但由于多藏于街区内部,往往不为人知。我们希望改造连通步行断点,将人流引入街巷内部,为盘活历史建筑及营造场所创造条件。线路串联了3处别具风格的经典街巷,13处变化丰富的里弄巷道。其中先农大院是五大道最具时尚文化的院落群;民园西里,古朴里弄,巷窄景深,不乏人文气息;安乐邨,花园民宅,拥有最真实、最富历史感的五大道生活场景(如图7-11)。

图7-9　孙殿英旧居

图7-10　庆王府

实现多维旅游体验是五大道之旅体验的升华。这条线路整合了现有20处景点，6处博物馆，平均每100米遇见1个名人故居，每160米可进入1个游览景点，文化体验与消费项目相结合。同时，它还将现有自发形成的零散活动有序地整合到线路沿线。在领略、探访、寻觅、多维四重体验中，"五大道体验之旅"依托线路有效整合资源，有序关联叠加，创造IP自我生长机制，由线路逐渐向外扩展，形成持续生长的支线，持续维持IP生命力（如图7-12）。

这条经典路线是五大道文旅破茧成蝶的能量

一直以来，五大道的保护与活化采用以天津历史风貌建筑整理公司为主体，以历史建筑为标的物的重资产运营模式，形成保护腾迁、建筑整修、整体运营、项目开拓四个阶段的较为成熟的模式，成功地整理运营了先农大院、庆王府等五大道新兴亮点，极大地推动了五大道文旅产业的发展。但随着市场的日益变化，现行模式面临

图7-11　典型街巷里弄

图7-12　五大道体验之旅拓展线路

高投资、高风险、周期长、不可持续等因素而陷入瓶颈。

　　以轻资产塑造旅游IP呼之欲出。利用"互联网+",在经典线路上构筑人在城市里全新的体验方式。品牌App通过包含历史建筑、商业、文化活动等的全景地图版块,构筑多维度的增强现实,创造时间和空间的转换叠加的全新体验,把商品变成一种体验和一段回忆;通过包含人物、店铺故事分享、交友、公众热点等的社交圈版块,创立社群平台,把游客发展成为五大道分析社群,把一次性旅游服务变成长线的互动(如图7-13)。同时,积极对接电商,构筑全线"零现金"消费体验,并利用支付大数据平台,指导沿线业态更新及经营决策。

图7-13　五大道体验之旅App示意

　　五大道百年来的温和演变赋予它精致优雅的文化基因和街区性格,这恰恰契合了IP的本质属性,为旅游IP奠定了优良先天条件。而IP的形成必然来源于人们真实的生活需求。民众的共识正是为旅游IP的形成和发展提供了坚实的需求基础。

　　在民众的呼声下,为推动五大道从传统景区到旅游IP的全面升级,以公共空间作为切入点,结合"互联网+",以微创的方式,塑造"互联网+五大道体验之旅"。通过连通的公共空间串联原零散孤立的项目,融入互联网形成整合资源的交互平台,形成网络化、内生型的轻资产运营模式。"五大道体验之旅"将成为汇聚文化精髓,享受品质体验的城市休闲旅线。这样的线路将成为追求文化品位的生活方式,追求漫步体验的休闲旅行方式的典范。线路的整体运营将成为五大道文旅产业发展的新动力,并以此推动天津市中心城区存量历史文化资源的挖掘与利用,带动文化经济的发展,展现天津文化魅力。

　　从某种意义上说,这样的一条线路,并非我们设计出来的,而是五大道里真实的使用者呼唤出来的。这让我们的规划不再是"纸上谈兵,自说自话",与真实需求匹配,这条线路才能真正成为他们的生活。对存量的盘活,规划不再是去创造城市的"珍珠",而是要思考如何从更多的维度,以更加灵活的、具有高度适应性的方式去串起"珍珠",并将它变成"璀璨的项链",去创造更美好的城市生活。

（冯天甲,天津市城市规划设计研究总院有限公司规划八院副院长、正高级工程师）

带你领略五大道历史街区的城市设计

● 杨慧萌

"城市设计"起源于对20世纪上半叶西方社会盛行的"现代主义"城市建设的批判。城市设计是以公共空间和建筑群体为对象进行的城市空间设计,从而塑造城市特色,提升城市空间环境品质,引导城市有序发展。

五大道历史街区的第一版城市设计

2007年我从浙江大学毕业来到天津市城市规划设计研究总院,开始跟随朱雪梅总规划师从事历史保护和城市设计方面的工作。这也是国际古迹遗址理事会的《保护历史城镇与城区宪章(华盛顿宪章)》提出"对历史城镇和其他历史城区的保护应为经济与社会发展的完整组成部分"的第20个年头。我刚开始工作时,恰逢我国城市建设的爆发式发展时期,各地的旧城改造如火如荼,大拆大建现象普遍。正是在这样的背景下,朱总主持编制了五大道街区的第一版城市设计。

这一版城市设计的关键目标是保持和强化五大道的完整性和真实性,在那样的时代背景下其实是一个不小的挑战。朱总在深入分析五大道的街区特色后提出,必须要尊重五大道原本尊贵和内敛的气质。她将五大道喻为一枚如"海洋之心"般沉静优雅的瑰宝,而周边繁华的城市地区如小白楼、南京路则是围绕在它周围闪闪发光的碎钻,并且形象地将规划策略命名为"钻石策略"——将五大道的保护和发展纳入一个更大的空间范围内去思考和整合,既要确保核心保护区稳定、安静,又要与周边地区建立和谐互动的关系。为此,在街区核心保护区内,我们为新建、改建、扩建项目编制了建筑退线、高度、体量、密度、材料和色彩的控制导则,对位于核心区个别确有必要进行拆除和重建的建筑,采用零星、渐进的方式进行更新。在街区外围的建设控制地带内,我们通过制定更积极的市场策略,将历史元素与市场需求相结合,为钟爱五大道的商业项目找到释放的出口。

此外,这一版城市设计还在延续《五大道地区建设管理保护规划》确定的新建建筑檐口高度不得超过 12 米基础上,借鉴巴黎、旧金山等历史地区在城市空间形态控制方面的经验,以五大道为范本,制定了天津历史地区周边建筑高度控制导则,首次提出要重视历史街道延长线上的建筑高度和位置,为天津历史城区的空间形态控制奠定了基调。

新时期、新身份、新问题

我们现在看到的五大道街区的街道格局形成于 20 世纪初,当时该地被纳入英租界并开始兴建。渐成规模后,因其现代化的生活方式而成为各界名流隐居之地。新中国成立后,虽然历经世事变迁、经历大地震等劫难,但在天津人心目中依然是最令人向往的美好社区。

1996 年,在天津城市总体规划中,五大道被确定为风貌保护区①。2005年起,房管部门陆续整修了区域内200余幢历史风貌建筑,渐进式改造了山益里、先农大院、民园西里等街坊。2012年,《五大道历史文化街区保护规划》得到市政府批复并作为控制性详细规划严控街区建设。2015年,入选国家住房和城乡建设部组织评选的首批中国历史文化街区名单。从这些规划与改造历程中,我们可以看出从20世纪末开始,五大道被作为需要保护的历史文化街区,侧重点是历史文化赋予天津的宝贵遗产。2014年底"五大道文化旅游区"获批国家AAAA级景区,为五大道街区增添了新的名片,更带来了新的活力。从图上可以看出,"五大道历史文化街区"和"五大道文化旅游区"的空间范围稍有不同,二者之间潜在空间功能里的矛盾与问题也随即出现了。

图8-1 五大道文化旅游区与五大道历史文化街区
来源:自绘。

---

① 2006版天津市总体规划改称"历史文化保护区",2008年《历史文化名城名镇名村保护条例》公布后被确定为"历史文化街区"。

2017年,天津被国家住房和城乡建设部列为第二批城市设计试点城市。为了落实国家要求,天津市规划和自然资源局随即将"五大道文化旅游区城市设计"列为试点项目。此时距离《保护历史城镇与城区宪章》的颁布已经过去了整整30年,这期间正是全球化发展的迅猛时期。全球化加剧了社会变革,给历史街区的保护与发展带来了前所未有的挑战。一方面,有些历史街区迎潮而上,把历史遗产视为资源与卖点,大力发展旅游业。由于社会和经济基础改变,传统职业活动正在消亡;原有居民迁出,外来移民迁入,城市绅士化现象加剧;受到重视的历史城区旅游观光大幅增加,商业化趋势愈演愈烈,文化遗产被资本化。另一方面,一些交通不便的历史街区发展停滞,房屋破败、人口外迁并老龄化严重,居民对历史街区的身份认同感①正在加速丧失。

五大道街区位于城市中心,尤其是当它成为国家级旅游景区之后,大量游客涌入和城市绅士化的进程总是难以避免的。作为我国保存得最完整、面积最大的历史文化街区之一,尤其是成为国家AAAA级景区后,同样也面临着上述两方面的挑战,如何运用城市设计方法在保护之外探索其发展方向,是我们编制新版城市设计时亟待解决的问题。

整体保护,有机更新

从进入21世纪后的城市更新改造中,我们看到了诸多的问题,很多历史街区被裹挟到巨大的城市化浪潮中,服务于经济发展的巨型建筑出现在历史街区,破坏了城市传统肌理,改变了城市的历史

---

①身份认同(Identity)是西方文化研究的一个重要概念,主要是文化认同问题,主要由主体的个体属性、历史文化和发展前景组成。身份认同是对主体自身的一种认知和描述。

图8-2　五大道文化旅游区在市中心的位置示意
来源：自绘。

景观。在与市中心接壤的建设控制地带，单个开发地块的占地面积越来越大，基本上一个项目就会占据一个街廓，建筑规模体量与原街区存在巨大差异，建设速度相当快。这类现象应当引起高度警惕。因为速度太快的变化会降低街区历史文化价值的整体性，同时过快的速度不仅破坏了原有的场所精神，而且来不及创建新的身份认同。并且当建设速度快、建设量大的时候，人们要想通过直观的判断来矫正城市建设的效果常常为时已晚。如何在不损害历史街区既有价值的前提下使其接纳新的元素，需要规划师和管理者放慢脚步去体会与思考，把握好"数量"与"时间"的节奏。对街区很多小的改变可以日积月累成为巨大的变革，变化的速度也决定了对历史街区产生影响的强度。在这样的背景下，朱总带领团队提出了"整体保护，有机更新"的规划理念。"整体保护"是在五大道第一版城市设计中就已经提出的，"有机更新"则进一步强调了"小规模、渐进式"的改造进程。

　　在对五大道的研究越来越深入的同时，我深刻感受到了五大道有一种魔力，这种魔力使得它在经历沧桑后依然得以幸存。在天津城市发展的压力面前,天津老城厢历史文化街区曾经历了大拆大建,与老城厢相比五大道因其建筑相对年轻,建筑质量高、建筑密度低,以及地区内整体设施和环境良好而得以保存。其实新中国成立后,五大道经历过三次非自然居民更替和人口变化,其内部温和的更新改造一直在持续不断地进行着。团结里等几个苏式住宅组团建在五大道西侧留有的空地上,1976年大地震后,抗震棚基本覆盖了原有住宅的院落空间;20世纪八九十年代后,见缝插针式的住宅建设,新建或改造原有建筑作为办公、餐饮、娱乐等用途的诸多建设项目,逐渐改变着五大道原本的居住功能。从对建筑年代的考察可以得出结论,贯穿20世纪,五大道一直处于缓慢的更新进程中,由于变化的规模较小,时间跨度长达半个世纪,因此虽然新建建筑的数量可观,但对街区的整体氛围并未产生剧烈影响。我们说这种"小规模、渐进式"的城市更新方式使得五大道能够持续记载人类历史文化的足迹,跨越了过去的一个世纪,也将到达遥远的未来。

当代社会各界对文化遗产的重视达到了前所未有的高度,对于城市历史文化街区而言,发展旅游业不仅能够促进城市经济发展,还有助于保持城市活力。我们可以感受到,旅游业对提高城市第三产业占比,对提升地方GDP水平,对提高当地居民收入、增加创业机会都是有利的。然而纯粹的旅游景点、同质化的商业服务设施、过度的娱乐设施会冲击城市原本的历史文化元素。因此,利用历史文化街区发展旅游业,最恰当的方法是在维护历史文化价值的基础上将历史文化街区融入当代生活。五大道由百年前规划的城市花园发展至今为安静幽雅的历史街区,虽然经历过物换星移、居民更替,但其配套完善、低调内敛、田园城市社区的特质是核心,是不应该改变的。

五大道是一个生活着的历史文化街区,它引人入胜的地方,不是建筑本身的历史感和美学价值,而是这些小洋楼里居住过的人,是他们的传奇故事,是居民们每天都在书写着的新的篇章。居民与其生活空间的联系,是通过与日常生活需要或意外事件相关的大大小小的活动的记忆发展出来的。院子里孩童们在玩耍,巷子里邻居间相互问候,上班路上经过了小时候的幼儿园……当空间与时间的关系固化在人们的记忆中时,就创造出了身份认同感,于是使城市空间获得了更多的意义,形成了"场所精神(Genius Loci)"。剥离"历史文化街区"的身份,五大道始终是市民生活居住的空间,与日常的各种琐事息息相关。正是这些琐事构成了生活其中的人们的共同回忆与情感联结,而它们蕴藏在空间之中,则成为这个地方的"场所精神"。因此保留街区的肌理、氛围、现存的居民交往空间,在历史街区更新介入新的要素时遵循原有的空间逻辑,才能使不损害历史街区核心价值的发展成为可能。

图8-3　五大道地区局部
来源:朱雪梅:《中国·天津·五大道:历史文化街区保护与更新规划研究》
(修订版),江苏凤凰科学技术出版社,2019年。

营造"静动和谐"的公共空间

五大道地区当前发展的压力来自它既是中国历史文化街区又是国家 AAAA 级旅游景区,如何兼顾旅游业发展,同时又保持五大道自身的历史文化属性,我们认为可以运用规划手段营造"静动和谐"的公共空间和居住空间来带动街区自主更新,通过改善基础设施来促进街区发展。

人在不同的空间环境下会产生公共的(热闹)、私密的(安静)等不同的心理感受,这便是环境心理学所说的"领域感"。我们对五大道规划的目标是既要保障居民在五大道的主体性,也能满足游客的体验需求。因此,出于强化五大道居民自我身份认同感、进一步强化五大道的场所感的需要,我们提出改造街区入口,设置游览路线,以强化空间领域感。这样做的目的是保留五大道慢节奏生活核心"静环境"的同时带动旅游的并行发展,两个场所空间的塑造既融为一体又不互相干扰,强化领域感需要通过规划设计的具体处理来区分出空间的界限,把空间与居民、游客的社会活动与心理上的要求

图 8-4　五大道西入口规划示意图
来源:天津市城市规划设计研究总院有限公司:
《五大道文化旅游区城市设计试点》,2019 年。

统一起来。居民的生活需要相对私密的、安静的环境,游客则需要明确的旅游标识,如果没有对游览空间的区分,两者相互混杂,居民的领域感也就无从谈起。同时作为一处旅游景区既要考虑对游客的吸引力,也要防止出现超越接待和承载能力的"爆游"景况。换言之,景区最好能保持一种适合的游客密度,并且将游客的游览范围控制在一定的区域内,以免对生活其中的居民造成过度的困扰或产生空间领域感的混淆。

在游客引导方面,我们设计了利用地面提示标识、景点地面标识、景点导览标牌等手段强化游览线路的连贯性与唯一性。一方面,引导人流走向历史遗存最为丰富的街道,自由自在地流连于"睹物思古"的建筑群,在主要游览线上形成富有活力的商业休闲设施;另一方面,又维持了街坊内部居民生活区域的原味本色,实现动静结合、相得益彰。

合理引导客流即是"有所为而有所不为",以一条主要观光游线串联最富有历史文化底蕴的历史建筑和历史空间,既保证了游客在短时间内"窥一斑而知全豹",又能让其他成片的街坊保持清幽静谧的氛围,不让五大道原有居民的生活受到打扰,不对五大道原有安静幽雅的氛围产生破坏,与此同时,亦起到了带动沿线自主更新的触媒作用。

五大道街区最初的定位是居住区,在进入汽车时代之前,街道作为居民散步或社交的场所而存在,因此五大道的街道设计是十分人性化的。伴随着现代主义规划思想占据了主导地位,伴随着机动交通的飞速发展,城市街道的传统功能不断受到威胁甚至逐步退化,当地居民的出行方式和历史街道的环境品质处于四面楚歌的境地。特别是五大道位于城市中心地带,街道承载的车流量除了居民交通外,过境车流在所难免,行驶速度较快的车流对行人的安全和体验产生负面影响;另外,作为当前天津文旅精品线路之一,为游览而来的机动车经常在街道两侧双侧停车,占用了大量慢行空间,使得原本不宽的人行道越发拥挤和局促。同时,机动车对历史街道的入侵,也导致了五大道历史文化街区居民生活品质的劣化和下降。

　　针对这些问题,我们从规划的视角建议为行人和自行车赋予优先路权,根据过境车流、旅游停车与游客步行体验三种诉求,提出交通稳静化①设计和建立智能停车系统两种方式以达到减少车流车速、提高居住质量、提升街道品质和降低环境污染的目的。例如,湖南路北五大道北入口、南端直达民园广场,沿街有已整修并对外开放的先农大院特色里弄,最宜先期改造。具体做法包括保留现状乔木,拓宽人行空间,增设自行车专用车道,减小路面高差,更换路面铺装等。通过上述手法降低机动车到达该道路的比例,同时降低机动车在该道路上的车速,可实现降低机动车对居民生活质量及环境负面效应的目标,改善步行环境,加强交通安全。

图8-5　湖南路改造前后示意图
来源:天津市城市规划设计研究总院有限公司:
《五大道文化旅游区城市设计试点》,2019年。

---

①交通稳静化(Traffic Calming)又称交通安静化,该理念最早起源于荷兰的Woonerf计划,是通过系统性设施杜绝双排占路停车现象、降低机动车行驶速度及交通量的一种设计策略。

结语

　　五大道作为历史文化街区其核心价值不仅仅是百年风云打磨而成的建筑群,更是其丰富的文化内涵。在规划层面对历史文化街区更新的思考是将其作为当代生活的一部分,从社会生命再生的视角,将历史文化街区保护和利用纳入城市长远发展战略。

　　(杨慧萌,天津市城市规划研究总院有限公司高级规划师、国家注册城乡规划师)

"城市中的田园"五大道

◉ 吴　娟

静谧、优雅、洋气的五大道

我虽是土生土长的天津人,小时候对五大道地区的记忆却是模糊的。我对五大道的了解,大概仅仅局限在知道《金粉世家》电视剧中的金家大宅取景地是清水红砖、高大华丽的天津外国语学院(今天津外国语大学)主楼;当年极为高档的粤唯鲜酒楼就开在河北路古朴别致的疙瘩楼里;还记得曾经在民园体育场的甲A联赛天津泰达队主场如何让球迷们狂热躁动。给我记忆比较深的还属常德道,曾经每周我都要到住在那里的一位德高望重的老师家学习作文。那时候,我是分不清五大道究竟指哪五条道路的,但每天上学放学都会和同学们骑着自行车穿梭于这里,一起感受过五大道春天的海棠、秋天的枫叶、夏日的绿荫、冬日的静谧。每次经过一幢幢小楼,看向一扇扇玻璃窗,我总感觉里面充满了故事和神秘。

2004年,我考入上海同济大学城市规划专业。入学第一学期的专业课就有"中外建筑史",老师为我们讲授了各国的经典建筑。当时尚未走出过国门的我,对这些只是懵懵懂懂。老师建议大家,如想在国内了解各国经典建筑,要去上海、天津、青岛几座城市看看,曾经的租界至今还保留着各国建筑,这是我第一次直观地意识到五大道建筑群的历史价值。于是,在第一学期的寒假回津过年期间,我特地来到五大道,对照课堂知识认真地研究了每幢建筑:清水墙、坡屋顶、老虎窗、柱头、拱券、雕花……这也是我第一次尝试用专业的视角去观察五大道,这片国内罕见的、至今保留完好的洋楼建筑群在我心中种下一颗种子,我多希望能利用自己所学,更深入地挖掘研究五大道街区的规划特点。

2009年,我硕士毕业从上海回到天津,成为天津市城市规划设计研究总院的一员。这时我对人生已有了十分清晰的方向。我追随朱雪梅总设计师,在大师工作室开始了对天津五大道街区的深入了解和研究。

跟五大道结缘的第一个工作,是关于天津城市规划历程的梳理研究,我们出版了《重回海河边》这本书。从规划设计师的角度去探讨的城市规划成果有很多,但这次我们跳出常规,从生活在城市里的各类人群的视角出发,讨论城市设计如何影响市民的日常生活,判断二者间的冲突与融合,利用不同人群的真实生活与情感,浓缩展示天津的城市规划发展变迁。作为刚入职的新人,承担这项任务对我的压力也挺大。在朱总设计师的引导下,我从广泛搜集五大道的各类资料入手,以城市规划的专业视角,翻阅了各类历史资料文献数十部。当我将文献调研笔记整理出来之后,惊喜地发现五大道街区承载了城市规划行业如此多的先锋性!

敢为人先,建起“城市里的田园”

1860年,英国在天津首设租界,五大道街区是其中至今保存最为完好的租界区域,其规划运用的是著名的田园城市理论。田园城市理论可以追溯到19世纪的英国,那时的工业革命带动了城市化进程的加速,大量人口涌向城市,导致城市的人口结构和社会结构发生了巨大的变化;城市内居住、卫生条件急剧恶化,新生的社会问题与阶级矛盾不断显露。针对当时的城市问题,1898年,英国学者埃比尼泽·霍华德出版了《明日,一条通向真正改革的和平道路》(*To-Morrow : A Peaceful Path to Real Reform*)一书,提出建设一种兼具城市和乡村特点的理想城市——田园城市(Garden City)。

田园城市的实质其实是城与乡有利因素的结合体。霍华德建议通过控制和有意识地移植城市的"磁性"来限制城市的自发膨胀,使市土地隶属于城市的统一机构加以管理。他的三磁力图,清晰地表现出城市和农村生活的利与弊,并论证了一种"城市—乡村"结合的形式,即田园城市。

在霍华德的设想中,田园城市应包括城市和乡村两个部分。城市四周为农业用地所围绕,所有的土地归全体居民集体所有。田园城市的居民生活于此、工作于此,必须对城市的规模加以限制,使每

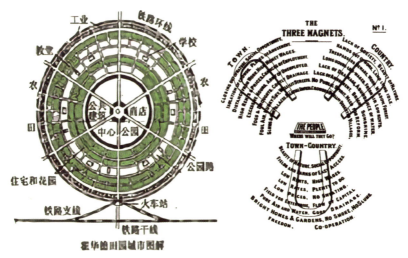

图9-1 田园城市思想示意图和三磁力图

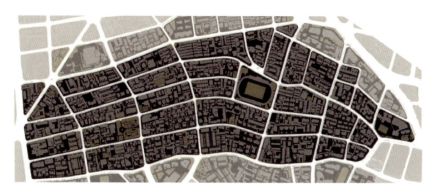

图9-2　五大道路网示意图

户居民都能极为方便地接近乡村自然空间。具有先驱性的田园城市理论是现代城市规划的起源,也是现代城市规划学科的里程碑,在西方产生了很大影响,英国、美国、加拿大、德国等地陆续建立了一批田园城市。

五大道街区始建于1901年,正是20世纪初英国田园城市理论在中国的首次实践。整个区域街道呈现出略带弯曲的方格路网,形成连续并富有变化的街巷空间,这样可以使更多的住房享受更多阳光,保证建筑内的通风。而以东西向为主的道路网,使南北向建筑居多,同时避免正南北或正东西的建筑,令更多的房屋获得南向日照。整个区域配备了体育场、学校、影院、教堂、公园、医院、市政等完善的公共配套设施。最重要的是,该地区规划中明确要求户户都要有院落的花园住宅,这种设计与霍华德的城市田园理论十分符合。

并驾齐驱,规划保护两不误

像五大道这样保存完整且丰富的建筑群在国内实属罕见,因此,保护五大道成为落在我们天津规划人肩上义不容辞的使命与责任。

第一次将五大道街区作为一个完整的历史街区,提出具体的保护、建设与管理思路,是在我们1994年编制完成的《五大道地区建设管理保护规划》里,那时我们率先提出"整体性保护"理念。到了2000年,我们又编制完成《天津市五大道地区整治规划》,这次整治规划,直接促进了1976年地震后16万平方米违章建筑的清理,为后来五大道街区整体风貌的提升优化释放了充足的空间,也奠定了坚实的基础。

随着1994版和2000版规划的落实,五大道整体环境发生了可喜的变化,为了进一步提升历史街区空间的环境品质,2006年,我们再度编制完成《天津市历史文化名城保护规划》,在国内率先将城市设计技术方法运用到历史街区保护中,通过对建筑物檐口高度、屋顶坡度、建筑材料、建筑色彩等细节的控制,让整个街区更加协调、美观、舒适。从整体性保护到建筑立面风貌保护,天津五大道一直走在全国保护规划的前沿。

进入21世纪以来,天津开始融入京津冀协同发展战略,我们对于历史文化街区保护利用也从开始的"唤醒"阶段,进入"焕新"进程。我们发现五大道历史文化街区所面临的主要问题有3个:对街区历史文化特征的深度研究和高度拟凝练不足;更新改造后部分新建筑和环境品质有待提高;同时规划管理手段落后,缺乏精细化管理的有效措施。

在朱雪梅老总的带领下,我们开始了对五大道新一轮的深入研究,这次我们运用城市形态学和建筑类型学的方法,对五大道历史文化街区内的建筑类型、街廓肌理、街道与街巷格局及历史空间特色进行全面的研究分析,从中梳理出造就五大道独特生活品质的空间格局和特点。这些都体现在2012年天津市政府批复的《五大道历史文化街区保护与更新规划》中，也正是在这次规划中，我们率先尝试将"类型学"理论引入城市历史保护规划编制工作中。这一版的规划成为五大道街区内进行各项建设活动、编制修建性详细规划、建筑设计以及各专项规划的管理依据，推动了五大道历史街区保护更新水平的大幅提升，并荣获了当年全国优秀城乡规划一等奖。与此同时，我们投身著书整理工作，将规划研究的主要成果整理成《中国·天津·五大道历史文化街区保护与更新规划研究》一书，在业内获得了极高的评价。

回想编写《重回海河边》的工作，我们梳理了天津市城规划历程，对五大道也有了更加深刻、更加专业且全新视角的认识：或许这片区域在历史上就是规划思想的先锋实践地，一代代天津的规划人，不断辛勤耕耘，用专业技术传承着五大道的先锋性格。

为我所用，彰显本土特色

随着规划理论的发展，类型学在规划界引起阵阵涟漪，再深度挖掘五大道的类型学内涵，这个想法总在我脑子里闪现，但始终只是模糊的想法。直到在雄安新区的规划建设过程中，有件事情给我了很大的触动。当时国内外多家规划设计领军团队齐聚一堂，共同探索中国传统城市文化空间形态。经过多轮较量，最终SOM（美国团队）以"二十四节气"的设计理念形成的方案拔得头筹，这无疑给作为中国人的我当头一棒。在国家政策对城市文化愈发重视的背景下，国内规划设计行业亟需新时代能够代表中国传统文化、表达文化自信，并与新技术相结合的"中国模式"设计技术方法，基于此，我们决心以五大道街区为突破口，再次深度思考类型学在规划设计中的应用，寻找田园城市理论与中国本土空间的有机融合方式。

图例
■ 独户住宅　　■ 院门对外
■ 院包房　　-- 城市道路

图9-3　英国莱彻沃斯及其空间示意

　　田园城市理论在英国的第一个实践地是位于英格兰的哈特福郡的莱彻沃斯（Letchworth），始建于1903年的莱彻沃斯建造的是典型的西方国家住宅：每家每户有明确的用地边界，沿街围合式布局，每户有临街界面与前后院。与莱彻沃斯不同的是，五大道的住宅并未完全按照田园城市理论的门院式住宅落地建设，而是分为门院式①、院落式②和里弄式③三种类型。

　　这种东西方差异也让我们感到疑惑，我们想办法查找到已被尘封的规划资料，发现五大道在规划设计之初，是尽量保证每户形成均好的临街界面，并通过在狭长的街廓内进行地块划分，形成大量双侧临街或单侧临街的地块，满足五大道高级住宅区内建筑布局和采光通风要求，进而有助于在住宅建设时形成规整统一的住区肌理。然而实际建设后却事与愿违，形成了大量院落式和里弄式住宅，不再是每家每户单独临街，而是若干户居民形成一个内向围合

----

①门院式住宅是独门独户花园洋房住宅，有主要临街面，通常位于道路交叉口。
②院落式住宅是由3—4户独立住宅围合成半公共院落空间，由唯一的入口进入。
③里弄式住宅是较多户小户型住宅形成的联排居住，通常两排里弄面对面布局形成明确边界的狭长里弄空间。

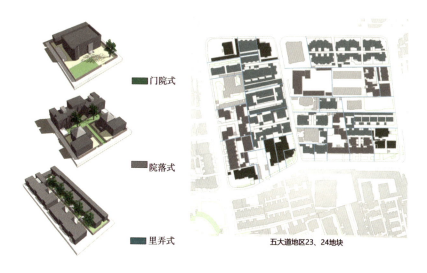

门院式

院落式

里弄式

五大道地区23、24地块

图9-4 五大道三种建筑类型

的半公共空间。总之,规划和建设之间存在巨大的差异。

这或许可以在类型学里找到答案,在类型学概念中,表层结构概念可以理解为我们日常看到的实体空间,而深层结构则是一种心理存在和"集体记忆",是历史的投影,是一种集体潜意识,即原型。那么天津的城市空间原型究竟是什么? 思来想去,天津是一个有生日的城市,卫城建立至今600余年,我们也可以从卫城去寻找天津的城市空间原型。

于是我将老城厢地区锁定为探寻对象。老城厢是天津的根,这里记录了天津建卫600余年的兴衰史,遗憾的是,老城厢在2000年初的世纪危改中,大多已经拆除,现存历史空间极为有限。为了能最大程度复原老城厢的历史街巷空间格局,在朱雪梅总设计师的鼎力协调下,我们向测绘院调取了历史图纸。将如此大量的历史图纸电子化就用了我们一个月的时间,但这仅仅是万里长征第一步。面对极为复杂的街巷空间形态,朱总设计师凭借其对类型学以及天津

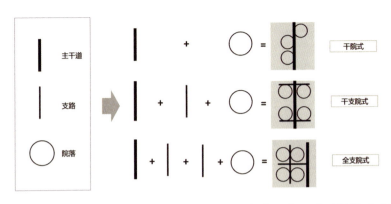

主干道

支路

院落

干院式

干支院式

全支院式

图9-5　老城厢空间原型提炼示意图

历史文化研究的丰富经验,为我们指明了一条方向:将院落与街巷作为要素提炼,剖析其组合关系。我们迅速沿着这一方向继续深入研究,在经过无数轮"研究—讨论—否定—再研究"的循环过程中,终于提炼出了满意的结果:虽然老城厢内街巷密布且盘根错节,但其与院落的组合关系却有一定特征,大致可分为"干院式""干支院式"和"全支院式"三种主要空间类型。其中,街巷起到了至关重要的作用,它作为连接"街"与"院"的一种公共场所,兼具交通和交往双重功能,往往被两侧高墙或者房屋山墙"挤"出狭长的空间感。而老城厢内遍布的合院住宅是家庭内部公共交往的空间,承担着家庭的客厅作用,这与西方的前后院布局——外向型的"院包房"迥异,体现出国人内敛的性格特征,街巷和院落形成的丰富的空间序列,印刻在一代又一代的国人心中,成为我们的集体记忆,这或许正是我们想要探索的城市空间原型。

总结出天津城市的空间原型,再回过头来看五大道,顿时感觉豁然开朗!五大道地区虽是在英国田园城市理论思想的引导下进行的整体规划,但实施和建设过程中,又不可避免地受到了天津本地空间原型的影响。中西方两种文化在天津这片土地上交融、涵

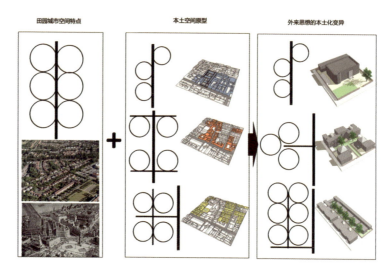

图9-6 中西方空间原型涵化示意图

化,在五大道相互作用,产生了新的空间类型。这也恰好体现出了天津这片土地包容、创新的性格。当得出这一结论时,项目组的同事们激动不已。不仅是为了这半年多的时间来的辛勤付出有了令人满意的成果,更是为这一结论本身的价值而感到由衷地高兴。

充满异域风情的建筑,铺满林荫树影的街道,雕琢精致洋气的民园广场……每逢节假日,五大道人头攒动、热闹非凡。人们在这里不仅可以欣赏建筑之美、艺术之美,更可以感受百年历史沧桑。作为一名规划师,我深知五大道的价值不仅在于某栋建筑,更在于整体性的空间格局与其所蕴含的深刻文化内涵,这也是天津人先锋、包容、创新的城市性格最好的体现。如今的五大道已经成了天津展示历史文化风貌的名片、对外展示的重要窗口。新时期的天津人,更应该勇担己任,不断传承、发扬好五大道的性格。

（吴娟,天津市城市规划设计研究总院有限公司大师工作室高级规划师、国家注册城乡规划师）

五大道保护规划历程及新进展

◉ 杨　宏

五大道是天津保护得最好的历史文化街区,它的空间尺度和整体环境大体上延续了历史原貌。这个结果看似顺理成章,实际上饱含着几代规划人的艰辛努力。从20世纪90年代至今,中国的城市建设随着经济飞速发展不断加快步伐,天津亦不例外。天津的城市规划主管部门坚持在科学规划的指导下严格管理五大道的建设,虽然规划的历程起起伏伏、时紧时慢,但始终在持续不断地向前推进。虽然规划编制的内容深深浅浅,偶有偏差,但大的方向始终没有背离,这也是五大道得以完整保存的重要原因。五大道的规划对天津的历史文化保护工作做出了积极贡献,同时也对未来的城市发展产生了深远的影响。

回望五大道保护规划历程

历年来,关于五大道的各类规划交替进行,主要包含以下三种类型:第一类是以快速指导实践为目的环境整治类规划,集中于2000年之前,从其名称上也可见那个时代的城市管理者希望抢救城市遗产,重新向世人展示的迫切诉求;第二类是城市设计,是继环境整治工作初见成效后的非法定规划探索,内容广泛、包罗万象,多具有研究性和前瞻性,力图通过对整体或局部空间环境的设计营造更具品质的街区环境,达到吸引业态或促进旅游业的目的;第三类是法定规划,既包括五大道被正式评为国家级历史文化街区前的建设管理保护规划和控制性详细规划,也包括后来在名城体系下编制的历史文化街区保护规划。

环境整治规划

从20世纪90年代开始,人们越来越重视城市空间所承载的文化和社会功能,"环境整治"曾一度是天津主要的规划和项目类型。五大道等历史街区中蕴含的巨大人文价值和经济价值重新被重视。提升建筑和街道环境,让"内秀"外放光芒,成为环境整治的重点。我们从1998年的《睦南道整修规划》开始探索整个五大道地区建筑和环境整修的方法和途径。先是拆除部分违章建筑让原有建筑显露本来面目,再将封闭的围墙改为半透空式,强化街景效果,进而强化街道绿化,让建筑和街道焕然一新。不过拆除部分封闭的历史围

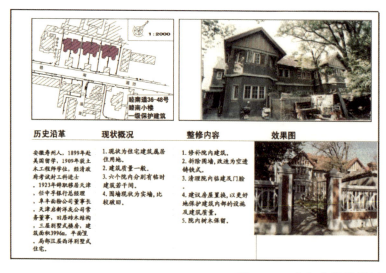

图10-1　睦南道整修规划

墙、新建透空围墙的做法也遭到了质疑,冯骥才先生在《阐释五大道》中不无遗憾地写道:"……近日,我看到睦南道有几处拆掉了围墙,改为铁栏,这样做可能想更加美观和时髦。尤其是李勉之的故居——奥地利建筑师盖苓设计的那四幢古典风格的花园别墅,居然将与建筑和谐一体的围墙拆去,换上铁栏,里边一院子的桌椅物什绽露无遗,原有的那种静谧神秘之感荡然无存,显然改造者一定不知道五大道特有的文化特征与建筑美。"

1999年,我们参照睦南道改造的经验,对马场道两侧的建筑、空间环境以及设施进行整修和规划设计。通过规划街道两侧建筑的立面形式、建筑高度、围墙形式,通过设计片状绿地和开放空间并布置与街道风格协调的街头小品,进一步增强了街道的统一感和协调性。

到了2000年,我们将五大道地区的整修范围拓展到大理道、常德道、重庆道。

也是在2000年,我们又制定了以提升五大道的整体环境质量为目标的《天津市五大道地区整治规划》,重点治理了影响五大道地区环境品质的"私搭乱建和违章建筑"。这一时期的环境综合整治,拆除了1976年地震之后陆续搭建的违章建筑约16万平方米。据当时参与过拆迁工作的人员回忆,违章建筑拆除时遇到了很大的阻力,总共17.7万平方米的违章建筑,拆掉了16万平方米。剩余的

图10-2 马场道整修保护规划

图 10-3　大理道、常德道、重庆道整修规划

1.7万平方米由于各种原因无法拆除,有部分历史围墙是在与违章户主的僵持中,不得已拆掉的。

城市设计

与环境整治类规划不同,城市设计的含义更为多样化,在2000年之后,一直作为五大道地区保护研究的重要工具。

2000年的《五大道地区城市设计》是对五大道地区的城市形态、空间环境特征、城市肌理、历史文脉等所做的一次系统性梳理工作,目的是增强五大道地区的空间形态特征。

2001年的《澳门路两侧城市设计》,通过改变街道的性质、增加绿化面积、设置街角广场、强化沿街建筑立面形式协调性等一系列城市设计方法,为提升街道商业潜力,强化街道特色做出尝试。

2014年的《五大道步行系统城市设计》中,我们通过整合五大

图10-4　澳门路两侧城市设计总平面图

道周边地铁站点、名人故居、开放空间、重要节点等多种资源,利用地面、地上标记进行串联,为五大道设计出一条步行游览线路,尝试以公共环境设计改造引导街区的慢行游览。在此基础上于2018年编制《五大道体验之旅城市设计》,加入资产运营策略,设计建立起街区内政府、房屋产权所有人、商户、居民的合作平台,通过广告出租、联合运营等方式以轻资产运营思路活化街区资源。

不断完善的保护规划

《五大道地区建设管理保护规划》,1994年

　　1994年的《五大道地区建设管理保护规划》是对五大道地区整体保护的初步探索,首先将五大道定义为"西洋古典传统风貌保护区",明确分为核心区(0.24平方千米)、中心区(0.9平方千米)、外围区(0.47平方千米)三个层次进行规划。该规划第一次将五大道作为一个完整的历史地区,进行了有针对性的规划,提出了保护、建设和管理的整体思路。规划对可改造地块的高度、层数、外檐形式、挑台宽度、塔楼高度与基底面积比等提出了明确的要求与建议,以确保五大道历史上形成的整体城市轮廓线。同时,规划重视新、旧建筑协调并存的研究和设计,将风貌区同经济发展联系起来,配合旅

图10-5　五大道体验之旅城市设计总平面图

游增添社会、文化、习俗等方面的内容,并通过一定的设计使之成为丰富多彩的历史、文化、教育活动场所。

《天津市和平区五大道控制性详细规划》,2000年

2000年,五大道尚未被认定为历史文化街区,作为城市的一般地区,编制了单独的控制性详细规划进行用途管理。确定了五大道地区各个地块的用地性质,以及建筑密度、建筑高度、建筑色彩、容

图10-6　五大道控制性详细规划——用地规划图

积率等指标和要求,但并不是从尊重历史原貌出发,为历史街区量身定制的保护策略,特别是按照全市通用的建筑退线规定,很多历史建筑和围墙院落被压在道路红线和建筑退线下或者被划进了道路红线内。值得庆幸的是对绝大部分现存的历史建筑没有造成既成的破坏。

《五大道地区建设管理保护规划》,2001年

2001年的《五大道地区建设管理保护规划》是整体保护思想的进一步完善。随着对五大道地区的区位、历史沿革、租界建筑和环境等现状情况研究的深入,我们提出保留原有路网格局并确定了用地结构和规划布局。规划从建筑形式、建筑风格等方面对单体建筑进行了更为系统的总结归纳,这种相对先进的规划思想在街坊分图则中得到贯彻,凭借其便于操作的成果形式成为此后10年间规划管理部门对五大道地区进行建设管理的直接依据,为今天五大道历史文化街区的完整性做出了贡献。

名城保护体系下的《五大道历史文化街区保护规划》

作为2006年《天津市城市总体规划》的专项规划,我们编制了《天津历史文化名城保护规划》。2012年,我们在名城保护体系下,编制了第一版《五大道历史文化街区保护规划》,同时作为五大

图10-7 五大道地区建设管理保护规划——现状图

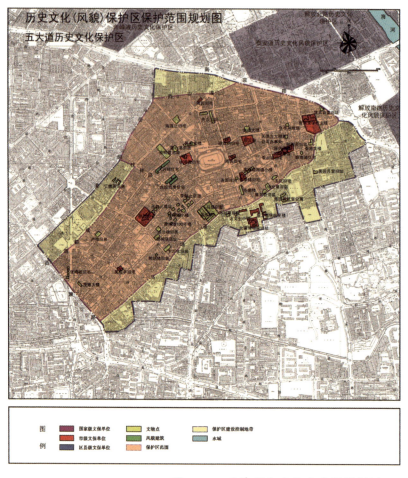

图10-8　天津历史文化名城保护规划——
五大道历史文化保护区保护范围规划图

道地区的控制性详细规划。规划将五大道历史文化街区的定位
为：中国近代规模最大、保存最完整的西式花园住区，中国近代名
人故居和历史事件的集中展示区，历史文化底蕴深厚的精品商务
旅游休闲区，从单纯保护物质环境提高到保护历史文化遗产的高
度，我们开始尝试从规划中对建筑和环境品质提出更高的设计要
求和指引。

　　增加人文特色活动、名人活动及历史事件等历史人文特色的保

110

护是针对充实完善保护对象而提出的。规划对建筑、历史街道进行了分类,分别制定保护与整治措施,以实现整体保护目标。

另外,我们提出规划两个具有场所意义的开放空间、五个特色鲜明的入口门户和三大功能板块,进一步提升完善街区功能。民园体育场和睦南公园这两个具有场所意义的开放空间是核心,黄家花园、小白楼、马场道、西康路和成都道分别为五个进入五大道地区的门户节点。利用单行路系统,保障过境交通顺畅的同时保持核心保护区内的历史道路现状不被破坏,维持地区整体道路尺度。这版规划开始不仅简单地探讨保护好历史建筑和历史环境的问题,还尝试使历史街区合理地介入各种物质和非物质的新要素,调整优化功能,使之成为适应城市未来发展、价值不断提升的历史文化街区。

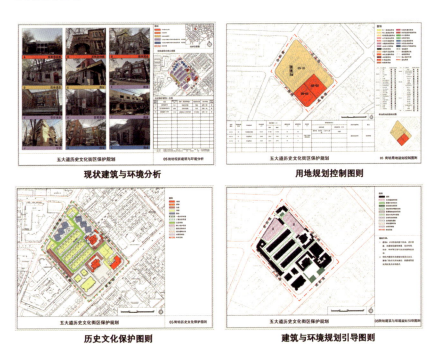

现状建筑与环境分析　　　　　　　用地规划控制图则

历史文化保护图则　　　　　　　建筑与环境规划引导图则

图10-9　五大道历史文化街区保护规划——街坊分图则(05街坊)

保护规划迎来新进展

2012年14片历史文化街区保护规划批复以来,指导了约46项街区内项目的审批和建设。全市街区范围内已形成完整的、持续更新的三维仿真模型。

10年来,国际遗产保护与我国历史文化名城保护的理念都有了新进展,从过去单纯强调保护、拒绝变化,向追求在保护与发展之间取得平衡转变。历史资源的活化利用被提高到前所未有的高度。与此同时,我国的城市建设模式由增量扩张正式进入存量更新时代。2021年起,国家和我市颁布了一系列支持城市更新的政策。历史文化街区作为城市中极为特殊的存量地区,需要更为系统的细则指导实践。

为了应对这些变化,自2019年起,天津市规划资源局就着手14片历史文化街区保护规划的修编。为了能使修编工作更有针对性,修编伊始,项目组就确定了活化利用、慢行系统、建筑分类三大专题研究,又在研究中根据需要陆续增设了公共服务设施、城市安全、保护规划成果层次、保护范围的研究。与此同时,我们还申请了天津市地方标准《历史文化街区保护规划规程》(以下简称《规程》)的立项,力图研究先行、标准先行。在《规程》编写过程中,我们系统梳理了当下街区保护与发展面临的关键问题,给出具有操作性的解决办法。一直以来的经验告诉我们,在规划初期识别关键问题,并达成一致,是比编制规划更为重要的事情。

问题一:如何从根本上为街区松绑,鼓励活化利用?

在这个问题展开前,先给大家简要介绍一下,我国名城保护体系下的历史文化街区保护规划,一直采用的是"范围+要素"的双轨模式,一方面针对不同的保护范围提出整体性的保护要求,另一方面通过对建筑、历史街道街巷等各类环境要素进行分类分级,提出差异化的保护要求。这种模式下,"范围保护"要求往往较"要素保护"具有优先性。

举个例子,2008年颁布的《历史文化名城名镇名村保护条例》(以下简称《条例》)第二十八条规定,"在历史文化街区、名镇、名村核心保护范围内,不得进行新建、扩建活动。但是新建、扩建必要的基础设施和公共服务设施除外"。这就意味着只要位于核心保护范围,无论该建筑分类是否允许新建和扩建,只要不属于"必要的基础设施和公共服务设施除外",都被禁止。

五大道地区的保护工作由来已久,街区的保护范围也发生了多次调整,这期间一直向保护面积更广、核心保护范围更大转变。在2012年批复的《五大道历史文化街区保护规划》中,核心保护范围更是达到了约1.2平方千米,占街区总面积的62%。这意味着,五大道的绝大部分地区都必须遵守《条例》第二十八条的"最严"管控要求。

不难看出,10余年前,无论是《条例》的制订者还是上一版保护规划的编制者,在那个快速城镇化的时代,尽己所能地使街区大部分地区免遭破坏,为我们成功守住了五大道等珍贵城市遗产。如今,城市建设的速度趋于平稳,增量发展时代,街区面临的人口密度过高、日常出行不便、居住品质不高、街区活力不足等一系列新问题,以及愈发沉重的政府债务压力,亟待更适合小规模、居民自主渐进式更新的保护范围划定和管理。除此之外,这种大范围的严格管控,也与五大道近20年来形成的运用分图则开展精细化设计引导的保护理念存在冲突。

因此,本次《规程》编制中,我们开展了一系列探索,包括尝试设置更为丰富的保护范围层次,制定更科学的范围划定标准和管控要求。除此之外,规划引入街区外的兼容与混合规定,并结合街区内地块尺度较小的实际情况对兼容比例、可兼容及混合用途加以优化,允许地块内小尺度的功能复合。

问题二:建筑如何分类,又该如何开展保护和利用?

上文提到,名城保护体系是两线并行。在保护范围优化的基础上,我们也对建筑分类方法加以创新,使其更符合天津的街区特点。

2018年颁布的国标《历史文化街区保护规划编制技术标准(GB/T 50357-2018)》(以下简称《国标》)中提出的是"文物保护单位""历史建筑""传统风貌建筑""与历史风貌建筑无冲突的其他建筑物、构筑物"和"与历史风貌建筑有冲突的其他建筑物、构筑物"的分类方法。

其实早在2005年,天津市政府即颁布《天津市历史风貌建筑保护条例》,明确提出了"历史风貌建筑"完整认定方法,率先开创我市建筑保护与修缮的先河,并取得了一系列丰硕成果。但现有的保护规划一直没有将其与街区保护规划中的建筑分类保护充分整合。

另一方面,《国标》中"传统风貌建筑"的类型,缺乏明确定义,也与长期以来天津历史文化街区的研究和保护理念不适配。

"风貌建筑",顾名思义,突出强调的是建筑及其营造文化的文物价值,趋向于对建筑风格和建设年代特征的辨别和认同。过去五大道的保护实践告诉我们,仅强调风貌而忽视体量及与周边历史环境关系的标准,筛选和指导建设出的建筑难以规避强势突兀的问题。

在本次《规程》研究中,我们一方面整合天津已有建筑保护管理

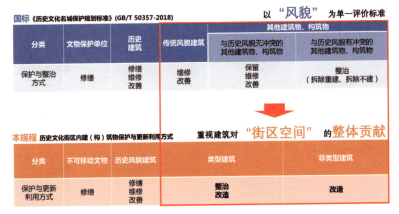

图10-10　历史文化街区保护规划规程——
建筑分类、保护与更新利用方式变化

成就,一方面对街区内具有一定重复性的历史特征(包括空间组织和建筑形式)进行识别、还原、归类,概括提炼街区类型建筑,据此确定"类型建筑"和"非类型建筑"。在此基础上,提出更加鼓励建筑活化利用的保护与更新方法。

问题三:如何解决街区人口密度过高、建筑过度使用的问题?

五大道的发展历程十分曲折。人口多次更迭,居民身份和建筑产权相对复杂,一些文物保护单位和历史风貌建筑多户合住,过度损耗却长期缺乏维护,使许多珍贵建筑蒙尘,面临着彻底损毁的危险。如何对待这些残破失修的建筑和住在里面的低收入居民一直以来是个有争议的话题。

过去有专家主张政府应将低收入居民全部迁出,以恢复历史上较纯粹的高档居住品质,但由于缺乏巨额资金来源,且存在街区现有人口构成骤变的风险,所以这一建议始终停留在口头上。为了避免持续过度使用直至造成难以承受的损失,我们有必要引导适合街区环境承载力的人口规模。既然并非强制迁出,引导动力就是我们需要解决的问题。

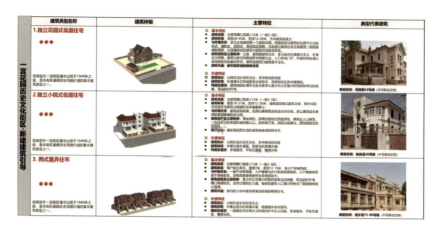

图10-11　一宫花园历史文化街区新建建筑引导图

关于五大道内中小学校的争论由来已久,五大道现有小学6所,共计162班,远超街区常住人口的实际需求2倍还多。大量学生实际居住于街区外部,但因为和平区整体较高的重点校水平,近年学区房热度一直高涨,学生不得不由家长早晚长距离接送,接送车辆造成了五大道的交通拥堵,影响了街区的环境品质。

我们一方面试图为街区制定更为合理的公共服务配套标准,另一方面把街区保护和城市整体空间发展战略结合。针对不同年龄段的居住需求,我们通过在城市外围规划更有吸引力的住房产品,提供更均等的教育、医疗等优势资源供给,内外联动,引导街区人口规模逐渐向着更为合理的方向转变。

问题四:如何提高街区可达性,却不带来破坏城市肌理和交通拥堵等问题?

五大道地区是典型的小街廓、密路网的街道格局,尺度宜人,但却不得不面对交通量日益增加的难题。设法缓解现代交通与历史环境的矛盾是保证五大道地区整体环境品质的前提。过去规划中,曾有过按照城市一般地区的标准规划道路红线及转弯半径,造成部

116

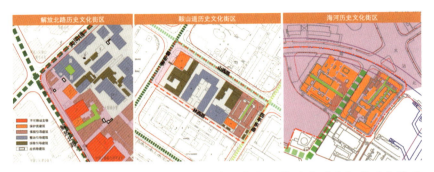

图10-12　14片历史文化街区内道路红线压占情况

分新建项目退线与现状建筑不一致的情况,也让许多文物及历史风貌建筑,被压在道路红线下,埋下可能因道路拓宽或管网施工被破坏的风险。

本次《规程》全力修复规划中的这类问题,充分尊重历史肌理,维护现状断面形式,将过去规划中不合理的道路红线退回至现状。另一方面,我们开展中心城区轨道线网加密研究,通过合理选址,增加服务街区的轨道站点,设置连续的慢行系统,优先满足步行、非机动车的通行要求,提升街区内"轨道+慢行"的步行体验,尝试通过增加慢行选择,来解决街区拥堵、停车难题,同时保持街区活力。规划整合过去《五大道步行体验之旅城市设计》的经验,鼓励步行游览线路的引入,作为沿线要素整合和业态活化利用的重要手段。

图10-13　在14片历史文化街区内开展的"轨道+慢行"研究

目前,《规程》已完成公示、征求意见,并通过行业主管部门审查,正在等待市场建管委及专家进一步论证。待《规程》印发后,部分试点街区的保护规划修编方案也将陆续和公众见面。

（杨宏,天津市城市规划设计研究总院有限公司规划八院总规划师）

革故鼎新绽芳华

历数往事如家珍

——我在五大道地区管委会的日子

● 王业明

2010年开始,五大道游客逐渐增多,许多人自发地搞起了旅游推广活动。由于缺乏有效管理,五大道暴露出交通拥挤、市容脏乱等问题,当时民园广场聚客锚地项目在逐渐落地,如果一直得不到统一规范的管理,势必造成更混乱的现象。用当时区领导的话讲:"如果管理不好,民园广场不仅无法成为天津城市'亮点',甚至可能成为城市'污点'!"

2013年底,天津市和平区五大道地区管理委员会(以下简称五大道地区管委会)应运而生,作为区政府的派出机构统一管理五大道地区。自2013年底区委、区人民政府任命我为五大道地区管委会主任,一直到2020年4月,我在五大道地区管委会工作了将近6年半的时间。如今我已退休,而五大道已然成为全国著名的历史文化街区和旅游目的地,当年开发建设五大道文化旅游区的场景仍历历在目。

迎来新生:打造城市会客厅

新成立的机构,推进工作总是不容易的,人手捉襟见肘、办公地

图 11-1　五大道文化旅游区夜景

点几经辗转……但是时间不等人，工作还得干。

　　位于五大道核心区域的民园广场，曾经是民园体育场，是甲A足球联赛天津队的主场，承载了众多天津资深球迷的记忆。随着时代的变迁，中超联赛天津队主场从民园移走，民园体育场也逐渐淡出了人们的视野。为加快五大道地区经济社会发展，市领导决定全面整修民园体育场，提升综合功能，将其改造成具有城市会客厅功能的市民休闲广场，并将这一任务交给了和平区负责落实。区领导经研究决定，民园广场的开放、招商、运营管理工作由五大道公司负责，保安、保洁和"五一"假期的文化旅游活动由五大道地区管委会负责，全力保障民园广场在2014年5月1日对外开放。这对刚刚成立且人手不足的五大道地区管委会来说，无疑是一块"硬骨头"。

　　经过周密地策划，我们推出了"首届五大道国际文化艺术节"，以民园广场为核心，组织国内外优秀艺术团队开展了18项文化旅游活动。仅"五一"当日便吸引了超30万人次的市民、游客。这座全新的城市会客厅，为五大道旅游区带来了新的生机。

改头换面：加强综合治理、提升经营业态

为实现民园广场的保值增值，我们几乎在准备民园广场开放的同时，就迈开了申请国家AAAA级旅游景区的步伐。

打铁还需自身硬。加强综合治理、提升经营业态，既是申报国家AAAA级旅游景区的必要条件，也是保障五大道作为国家AAAA级旅游景区延续发展的充分条件。因此在民园广场顺利开放后，我们就把精力放在了地区综合治理和经营业态提升上，既要保障五大道的良好环境，又要符合市场经济的运行规律。

首先，我们下定决心根治环境脏乱、交通拥堵等问题，联合公安、交管、工商、街道等部门共同开启了"百日联合清整行动"。连续4次行动，400个日日夜夜，取得了十分显著的成效。

其次，我们发现，当时五大道景区内23条道路上散步的百余家餐饮、娱乐商户貌合神离、各自为政，难以发挥产业的集聚效应。针对这一问题，我们一方面积极协调相关部门，请大家把发展重新倾斜到申报国家AAAA级旅游景区上，团结协作、合作共赢；另一方面则配合市、区文物管理部门宣传国家文物保护政策和修缮审批报备流程、协助五大道的商户申请修缮资金，凝聚各单位对重点文物建筑的保护意识。与此同时，我们还在区商务局的指导下连续3年开展了"五大道文化旅游区商业精品示范店"评选，并根据营业面积给予入选单位5万至10万元不等的奖励。由此极大地调动了各行各业的积极性和协作意识，逐步扭转了商、旅、文各自为战的局面，各单位拧成一股绳，形成发展合力，提升了五大道的经营业态。

再次，为了在全国范围内进一步扩大影响力，我们组织了丰富

多彩、独具特色的文旅活动,如"五大道国际文化艺术节暨'一带一路'沿线国家歌舞展演""'美丽天津·魅力五大道'摄影大赛""民园广场'城市记忆'音乐会"等,出版了《五大道》《五大道上的国宝》等摄影画册,制作了《五大道》微电影,努力擦亮五大道的文旅名片。

最后,要想申报国家 AAAA 级旅游景区,基础设施的改造和提升也是一项重要且艰巨的任务,涵盖了很多细致的工作,如维修老旧房屋、更换便道地砖、提升夜景灯光、修缮围墙护栏和增加社区绿化等。其中,与游客最为密切的就是公共厕所,因此我们不仅对民园广场既有的公共厕所进行了改造,还联合区市容委为景区增设了移动公厕,这样一来,即使是在大型的节假日期间,游客也不必排队等候。在各单位的努力下,数十项工作都在 2014 年"十一"假期之前完成,五大道的整体环境更加美丽、和谐。

趁热打铁:申报国家 AAAA 级旅游景区

各方面准备完成后,万事俱备,我们便全身心地投入推动五大道申报国家 AAAA 级旅游景区的相关工作。申报市中心的国家 AAAA 级旅游景区并不简单,是学习周庄那种围合式管理,还是学习春熙路那种开放式管理,我们也没有统一思路,只好摸着石头过河。

第一,明确景区空间范围。五大道是开放式景区,在申报时要明确其空间范围。在市、区文旅部门的指导下,经过数次论证,我们最

图 11-2　国家 4A 级旅游景区标牌

终划定,由马场道、西康路、贵州路、成都道和南京路相接围合而成的区域及周边地区为五大道文化旅游区,纵横23条道路,核心区域1.28平方千米。

第二,将自评项目做到最优。国家AAAA级旅游景区的评选主要依据《景观质量评分细则》和《服务质量与环境评分细则》两个文件。前者主要考察资源要素价值和景观市场价值两大项目,规定总分100分,80分达标。五大道文化旅游区号称"万国建筑博物馆",20世纪二三十年代各个流派的建筑师在这里留下了众多风格的代表性建筑,这些建筑又与中国近现代历史上的名人逸事绑定在一起,形成了五大道独特的文化氛围。所以这100分我们势在必得。后者主要考察旅游交通、游览、旅游安全、卫生、邮电服务、旅游购物、综合管理、资源和环境保护8个项目,规定总分1000分,850分达标。经过前期全面的整治、改造、提升,五大道的综合功能已经取得了质的改变。我们组织相关部门及专家学者按照标准进行自评,取得了930分的成绩。

第三,建立智库统计数据。在评选标准中有对到访游客数量统计和满意度调查的要求,但由于五大道文化旅游区没有围墙,统计和调查工作就成了难题。于是,我们决定向专业人士求助。2014年,五大道地区管委会与南开大学旅游与服务学院的徐虹教授团队开展科研项目合作,请他们帮忙解决量化统计问题。徐虹教授的团队组织专业力量分别在工作日、双休日及节假日于民园广场各出入口和主要景点、主要路口进行统计,并将所得数据与观光马车售票数据进行对比分析。据此建立了一个数学模型,再以这个数学模型的分析数值作为系数,乘以观光马车当日售票量,计算出当日游客数量。这一统计方法的科学性后来得到国家级专家的认可。2015

年,我们又与天津日报统计中心合作,对五大道文化旅游区内所有服务业窗口单位进行全覆盖统计调查,并连续开展到访游客满意度抽样调查,对五大道内经营者和消费者的情况有了动态、持续的把握。

2014年初,我们递交了申报国家AAAA级旅游景区的相关材料,由省旅游管理部门审核,报国家旅游局备案。功夫不负有心人。同年12月底,我们便接到了获批国家AAAA级旅游景区的通知。当年申请,当年获批,就是对我们工作最大的肯定和鼓舞。

持续发力:推动夜间经济

国家AAAA级旅游景区申报成功,给五大道注入了新的活力。随着游客数量的不断增长,如何保障五大道文化旅游区的持续性发展,成了五大道地区管委会的新挑战。

随着全国夜间经济的发展,2018年由市商务局在全市选取推

图11-3 城市艺术节

荐了首批6家市级夜间经济示范街区,五大道文化旅游区名列其中。2019年5月18日晚,五大道夜间经济示范街区在民园广场隆重开幕,近120个市集摊位集中展示特色餐饮、文博文创、手工制品、互动体验等个性化品质生活内容,五大道文化旅游区200余家商贸、餐饮企业共同参与,配合歌舞艺术、路演巡游、灯光秀及沙画表演等将天津市夜间经济活动推向高潮。据统计,当晚五大道客流量超6万人次,散场的时候,我亲耳听到有市民讲:"当年甲A联赛时的人流又回来了。"特别是每逢周五、周六的晚上,民园广场举办民园"城市记忆"音乐会,伴随着悠扬的歌声,整个广场都成了欢乐的海洋。2019年11月在芜湖举办的"中国夜间经济论坛"上,中国旅游研究院评选出"游客喜爱的十大历史文化、商业街区及网红步行街",五大道夜间经济示范街区名列第7位。

五大道地区管委会自成立之日起就与五大道文化旅游区牢牢地绑定在一起,五大道文化旅游区一次次完善、发展的变化,正是五大道地区管委会一步步成长、成熟的印记。时至今日,与有荣焉。我相信,在各方的用心经营、精心维护和通力合作之下,五大道这张亮丽的天津文旅名片一定会受到越来越多的人的喜爱。

(王业明,天津市和平区人大教科文卫委员会主任委员、天津市和平区人大社会建设委员会主任委员、天津市和平区人大常委会委员、机关党组成员、内务司法工作室主任)

穿越时空的马蹄声

——五大道观光马车的20年

● 王　爽

2003年7月8日,《今晚报》第2版刊发了这样一则消息,标题是"(引题)五大道地区推出绿色旅游理念(主题)乘观光马车览万国建筑"。消息说:"即将开发建设的五大道旅游风情区将推出旅游观光马车等无污染观光旅游交通设施,全力打造无污染旅游理念。"同年10月3日,一匹高头大马拉着带有浓浓欧式风格的观光马车出现在五大道地区。观光马车甫一亮相,立刻吸引了来往观光的市民、游客,也引起了本市和外埠诸多媒体的关注。当天的《今晚报》以"今日'一马当先'月底五马并行"为题,对此事进行了报道:

> 备受关注的五大道地区旅游观光马车今天上午全新亮相,一辆马车进行了试运行,预计本月底将有另4辆观光马车同时启用。届时,有关部门将向社会公开招标,实现观光马车的产业化运作。
>
> 今天上午10点,旅游观光马车在五大道地区一亮相,立即吸引了众多市民驻足观看。试运行的马车以英女皇乘坐的马车式样为设计基础,结合了荷兰旅游马车的设计,充分体现了

欧陆风情。所使用的马匹高大,为纯良种马。观光马车载客2人,配备专业导游人员1名随车讲解沿途风貌建筑内容。试运行的路线为:民园体育场正门—重庆道—昆明路—常德道—衡阳路—大理道—昆明路—睦南道—香港路—重庆道—新华路—洛阳道—湖南路—民园体育场正门。沿途运行时间约1个小时,将经过民国总统徐世昌、曹锟旧居,潘复、顾维钧、张绍曾、龚心湛、颜惠庆、朱启钤六任民国内阁总理旧居及庆王府等著名人文景观。(记者李贤　通讯员李恺若)

从那时起,一阵阵马蹄声、一辆辆"洋气"十足的观光马车、一声声娓娓道来的讲解成为五大道这片有着丰富历史文化底蕴的街区上夺目的一景。马车上的游客们在这种方式独特的行进中,感知着从岁月长河中走来的五大道,把一段又一段天津故事、中国故事,深深印刻在脑海中。

"要跑就跑真马车"

20年后,回想起第一辆观光马车上路时的情景,时任和平区文化和旅游局局长的杨振仍难掩兴奋:"当时我们找了一对小夫妇,穿得漂漂亮亮地坐在车上。赶马车的就是我们当时旅游科的科长,穿着黑色的燕尾服,特别精神!"

谈到五大道观光马车的缘起,杨振说:"五大道地区风景优美,我家就住在马场道,对这里非常有感情。所以上任后,觉得五大道这么好的旅游资源应该更深入地开发出来,让世人知道五大道、了解五大道。"

五大道地区一共1.28平方千米,23条道路,道路总长17千米。

图12-1　五大道上的观光马车

走着看,很累;骑自行车倒是行,可20年前还没有共享单车,外地游客来津就不方便了。2001年,一个大胆的想法冒了出来——能不能就跑真马车啊!杨振说:"当时全国没有一座城市是在市中心跑马车的。而且我们和交管部门探讨过,交管部门说,交通管理条例里有一条:畜力车不准进市。当时和我们文旅局书记孙黎卿讨论这个事的时候,孙书记说,要跑就跑真马车,真马车更具有吸引力。"很凑巧,市旅游局听说和平区正在策划观光马车项目,告诉了杨振这样一件事——有位叫薛允中的老大爷曾找到市旅游局,提出想弄马车游览。薛大爷年轻时当过兵、养过军马,退休后仍以养马为乐趣,而且有一整套马车架。得知此事,杨振觉得旅游观光马车项目值得再往前"拱一拱"。他和同事们多方奔走,和交管局、市容委反复沟通协商,多次请示市旅游局后,终于将在五大道地区开展旅游观光马车项目写进了天津市文旅局的旅游规划中。这个规划得到了市里的批准，得到了市领导的批示。杨振和同事们倍感兴奋，并进一步对观光马车项目的诸多细节进行进一步规划设计。

2003年9月29日，天津市国庆文艺晚会召开之前，时任天津市人民政府副秘书长的刘洪昇召集相关部门开了协调会，会上提出要落实五大道地区观光马车项目，让观光马车尽快上路。杨振说："那个会上，一些部门提出了马车上路涉及的一些问题和困难，刘洪昇副秘书长说，现在这个项目已经不是行不行的问题，而是应当怎么落实的问题。此话一出，大家就达成了共识，表示各自积极去做工作，争取尽快把规划变成现实。"杨振说："当年这个协调会给我们提出了要求，就是'十一'假期马车要上路。"虽然只有屈指可数的几天，但杨振心里觉得"挺有根"，因为听说薛大爷家里有现成的一驾马车，想着稍加整修便可投入使用。没想到，当看到薛大爷拿来的马车时，杨振和同事们大失所望——薛大爷所说的"全套马车"，不过就是两个车轱辘和一副已经弯曲的车架子，根本用不了。"幸好当时我们的新兴影剧院里有一批能工巧匠，车钳刨铣都能干。我就把新兴影院的经理叫来了，问他们能不能造出马车。"于是，按着想象中的古典欧式马车的式样，9月30日开始，杨振和新兴影院的职工一起，用了三天两夜的时间，终于把马车造了出来！

马车有了，但真正让这条观光马车线路运行起来，还有很多具体的问题。

首先，马住在哪儿？杨振说，在项目规划之初，他们提交的方案将马白天运进市区，晚上游览项目结束，再运出市区，在郊外喂养。这是参照当时香港沙田马场做法进行的设计。"后来市容委的同志们对我们很体谅，说你们可以在市区里找个地方，在不扰民、不影响卫生的前提下让马住在市区。于是我们就在新兴影院找了个角落把马养了起来。"

其次,马在拉车过车中大小便问题怎么解决?杨振说:"马粪好办,马粪兜可以解决,但马尿怎么办呢?刚开始,马在路上撒尿,气味很大,过往行人和沿途居民有意见。我们就安排了运送水的车辆,跟在马车后面。一旦马撒尿,立刻用水冲洗路面。"和平区文化和旅游局还找到了南开大学化学系,请专家们针对马尿的气味污染专门研制了药剂,添加到冲洗路面的水里,极大地缓解了马尿带来的困扰。再后来,饲养员和驭手们根据马的"工作"和"生活"节奏,让马建立起相应的条件反射,只有到了固定的"马厕所"马才会撒尿,彻底解决了路途中的马尿问题。

杨振介绍说,五大道旅游观光马车出现后,得到游客的热烈欢迎,最初的一辆马车很快变成了两辆、三辆、四辆。最先赶着马车上路的薛大爷开始感到力不从心了。这时候,一家企业找到他们,希望和和平区文旅局合作,运营观光马车项目。杨振和同事到这家企业进行了实地考察,看到了这家企业在设计、制造相关车辆方面的实力以及运营其他品种旅游观光车辆的成功案例。于是,观光马车问世一年左右,和平区文旅局与有关公司进行合作,五大道旅游观光马车从此迎来了快速发展期。

伴随着迅猛的发展势头而来的,是新的问题——马车和马越来越多,存放在哪儿呢?这个问题一度成了制约观光马车项目进一步发展的重要因素。杨振说:"那时候,我一有空就骑着车到处找地方,在五大道周边地区一个院一个院地看。"一个偶然的机会,和平区人大代表魏健得知杨振正在为马的存放问题着急,便就此联合10位区人大代表提出了联名建议。在多方合力推动下,民园广场东北角一块200多平方米的空地被辟为马车驿站——有院子、有马厩、有沙坑、有管理人员处所、有售票处。后来马车驿站几次转移地点,如今,在西青区117大厦附近,一个占地2万多平方米的马场成为观光马车和马儿们日常栖身之所。

如今已是古稀之年的杨振说起五大道观光马车的诞生和发展难掩激动和骄傲。他说,这个项目的社会效益和经济效益可以说是双赢。"市内有旅游观光马车,咱们天津是全国独一份!"

马车和马　都在升级换代

说起近些年五大道观光马车的运营情况,鸿圣长隆(天津)文化科技有限公司常务副经理张维表示,近年来,随着天津城市整体的发展和城市美誉度的不断提高,特别是2014年纪录片《五大道》在央视播出后,前来乘坐马车游览五大道的游客越来越多,节假日期间,观光马车日均营业额可达3万至4万元。现在旅游观光马车已经有了很多变化。从最初单纯靠马牵拉变成了添加电力系统辅助,使用的电瓶也从最早的铅酸电池升级为锂电池。加装电瓶后,每辆马车相当于多了五匹"隐形马",马儿们拉起车来更为轻松。

"咱们最早用的马是挽马,这种马个头儿比较大,耐力好、能负重,大部分产自东北地区。民园广场2014年重新整修开业后,我们推出了星座系列的欧式马车,按照西方十二星座做了12辆马车,让人耳目一新。同年马车加装了电动辅助装置,这是出于动物保护的目的,同时观光马车的安全性也有所提升。那一年,观光马车使用的马匹逐步从挽马换成了温血马。和挽马相比,温血马更为温顺,耐力更好,体型更为美观,它脖子长、马蹄宽大,拉着马车行驶速度更均匀,从而使马车上的乘客感觉更为平稳。"张维说。

张维说,对于驾驭观光马车的驭手,公司要求他们首先要爱护马匹,另外要有严格的安全意识,掌握相应的驾驭马车的技术和经验,以及对马匹饲养、训练的相关经验。虽然公司招募来的驭手都是有着丰富的赶车经验的老师傅,但还是要经过三到六个月的培训,对马匹、路况、车型等完全熟悉后才能上岗,担负起赶着马儿载着游客游览五大道的重任。

张维介绍说,目前他们公司一共有64匹马,轮流在五大道上载着游客们游览,日常在马车驿站的是6匹马。每天清晨,"上班"的马儿们坐着"班车"从位于西青区的马场来到和平区民园广场;一天游览结束,"下班的"马儿们再坐着"班车"回到马场。马儿们所吃的草料是专门从内蒙古等地运来的优质草料,同时还要把玉米、麸皮、燕麦、黄豆、黑豆等或蒸或煮,或碾碎或磨粉,按照一定比例添加到草料中。兽医也会不时根据每匹马的健康状况,将中草药制成的药粉混在饲料中,给马儿们进行调理,起到清肺去火、强身健体的目的。马匹每年还要进行两次驱虫。这样精心照料,就是为了让这些马儿们毛色鲜亮、身体健康,以最佳的状态出现在游客们面前。

近年来,互联网上也不时有人从疼惜马匹的角度出发,担心马儿们是不是太累了。张维说:"其实我们对这些马照顾得是很细致的。夏天,气温达到35摄氏度以上,马每天要洗两到三个澡——早上7点洗个澡,中午12点到下午2点之间洗个澡,下午5点多再洗个澡。前两个澡是一定会洗的,根据天气,大多数时间,马儿还要洗第三个澡。"在2011年夏天,五大道观光马车服务中心为每匹马加装了遮阳伞,让马儿在休息时不再遭受太阳炙烤,更好地服务游客。

一路走来一路讲

今年80岁的张振东，退休后加入五大道文明旅游志愿者讲解队伍。他撰写了第一版五大道观光马车讲解词，也是马车上的首位讲解员。张振东一直记得，泰国华侨姑娘谢婷婷在上海医学院求学时，假期旅游来到天津，在五大道听了张振东的讲解，一下子就迷上了五大道的历史和名人故居，当即决定在天津住下来，跟张振东学习讲解。

和张振东一样，讲好五大道故事，是五大道观光马车上每一位讲解员的心愿。今年是赵倩成为五大道观光马车讲解员的第13个年头。一毕业就从事这份工作的她，如今已经是讲解员队伍中名副其实的中坚力量。她说："我们上岗之前都要经过严格的培训，比如先要去坐一下观光马车，亲身体验一下。然后老讲解员会带着新来的讲解员骑着车去熟悉马车行走的路线。这同时呢，就要按照专家老师们给出的讲解稿去背熟，背下来后，在讲解员团队内部先考核，在车下背好了才能试着上车去讲。讲解员在车上把每一个楼原来的主人都是谁、背后有什么样的故事，都能比较自如地讲下来，才能正式上岗。"

不同于在室内讲解，坐在马车上给天南海北的游客讲解五大道的故事，讲解员们花费了很多心思。赵倩说："因为我们是在马路上讲，所以在音量、语速上都要适应马路上比较嘈杂、游客要边看边听这样的环境条件。虽然戴着麦克风，但我们还是要尽可能保证声音的悦耳，让游客能听清楚。同时语速要合理，配合马车行进的速度。因此，我们在讲解过程中，会根据这栋小洋楼和下栋小洋楼之间的距离，对讲解词进行微调，保证这栋楼讲完后刚好到下一栋楼。让讲解的衔接无缝化。"在五大道观光马车上给国内外游客讲五大道讲了13年,赵倩说,虽然自己是土生土长的天津人,也生长在和平区,但恰恰是这份工作,让她有机会对这座城市、对五大道街区有了更深的了解和体认。赵倩说:"其实我们的讲解,不但让外地人了解天津、知道天津故事,也让我们这些天津的年轻人对自己家乡有了更多的了解。"有一次,赵倩在讲解中提到曾在五大道居住的我国著名的骨科专家、医学教育家方先之,车上有位游客闻之立刻表现得十分激动。游览结束下车后,这位游客告诉赵倩,自己的孩子曾经找方先之的学生治过病,"骨圣"弟子妙手回春,给这位游客留下难忘的印象。赵倩说:"我第一次遇到游客能和我讲的名人有这样的故事,我也很开心。"

五大道观光马车的故事还在继续。一方街区、百年风云。那阵阵的马蹄声,从历史中走来,也正伴随着我们,走向五大道更加美好的未来。

(王爽,天津海河传媒中心天津日报副刊部副主任)

百年民园里
藏着天津市体育博物馆

◉ 刘建斌　口述　陈娜劳模创新工作室　整理

　　民园体育场位于五大道的中心区域,是天津五大道景区的地标性景点。从民园体育场到体育博物馆,五大道的这座地标建筑见证了"近代体育看天津"的辉煌历史,更记录着天津体育的蓬勃朝气。

见证历史,传承天津的体育记忆

　　天津在中国近代体育史中有着独特的地位和作用。"体育"是个近代外来词语,中国古代并没有"体育"这个词,我们传统的运动一般是武术、民间杂技等。19世纪中叶,天津开埠通商,是较早开埠通商的口岸。当时的天津聚居了很多生活、工作在此的外国人,为了满足他们的生活需

图13-1　天津市体育博物馆外景

要,很多西方体育项目进入天津,并逐渐传播到全国。天津由此成为我国近代体育发展的先驱城市。比如,最早传入天津的体育项目是1864年传入的英式足球、赛马,此后,网球、篮球和游泳这些运动相继在天津出现。1896年1月11日,天津青年会发布了一场室内篮球比赛的通知,在天津举行了中国最早的篮球比赛。在120多年前,篮球运动就已从天津进入中国,所以天津也被誉为中国篮球运动的发祥地。

体育博物馆是天津体育迈入新时期不断取得突破性成绩之际建成的。为了贯彻习近平总书记关于文化建设的指示批示精神,进一步弘扬和传承中华体育精神,决定在提升改造后的民园体育场大理道一侧成立天津市体育博物馆。筹建准备工作是从2012年开始的,在市体育局党组的领导下,许多了解天津体育历史的专家和体育局的老领导都被邀请过来,参与筹建工作。从整个博物馆的展厅设计,到藏品的征集管理、陈列展示,以及对天津体育历史研究资料的收集,博物馆筹备组事事用心、处处留意,只为建成一座能更好展示天津体育文化的阵地。经过三年的密集走访调研、整理资料、藏品征集、反复论证,2015年8月8日,在"全民健身日"到来之际,体育博物馆开始试运营,当时还没有正式对外开放,只是通过内部参观来征求社会各界的意见建议。2017年3月31日,在天津全运会之前,体育博物馆正式对公众免费开放,这也是天津体育人对第十三届全运会的献礼。

运动之都,展馆与城市齐发展

体育博物馆是天津市体育局直属的唯一一家体育行业博物馆,占地3000多平方米。

除常设展览外,我们经常围绕特定主题开设新的展览。目前馆内设有"天津与奥运"专题展览、"海河回响——女排精神展"、"公益体彩路 津彩新征程——天津体彩公益文化展"三个内容翔实、特色鲜明的展厅。"天津与奥运"专题展展示了天津作为中国奥林匹克运动的郑重起点,为中国奥运百年逐梦做出的突出贡献。展览以天津体育发展进程中重要历史人物和历史事件为线索,集中展示了张伯苓、王正廷、董守义等体育先贤的"体育救国、强国强种"体育思想和体育实践,展示了"奥运三问"、近代西方体育和奥运项目的引入和传播等天津对中国奥林匹克运动发展的杰出贡献以及天津在群众体育方面的一系列创新。"海河回响——女排精神展"以丰富的图文、视频、实物展品等资料,展现了天津女排这支优秀的集体不平凡的奋斗历程。展览全面回顾了天津女排自1956年建队以来接续奋斗的历程。尤其是近20年来,天津女排取得联赛15冠、全运会5冠、亚俱杯5冠,为中国女排培养输送高水平运动员30余人,7人荣获世界冠军,4人荣获奥运冠军,为祖国和天津争得了荣誉。"公益体彩路 津彩新征程——天津体彩公益文化展"全面展示了天津体彩的发展历程,集中展示了体彩公益金对天津公益事业和体育事业发展做出的贡献。

　　我们用一次次展览活动、一件件体育藏品记录着百年来天津体育的历史积淀和新时期天津体育的腾飞发展,展示"排球之城""运动之都"和体育强市的建设历程,用体育精神激励各行各业的奋斗者。

　　"发展体育运动,增强人民体质"是我国体育工作的根本方针和任务。"体育承载着国家强盛、民族振兴的梦想",体育文化和竞技体育、群众体育、体育产业都是体育事业不可或缺的重要组成部分。体

图 13-2　学生们正在参观天津市体育博物馆

育是属于全民的,只有体育文化繁荣发展,体育的故事不再束之高阁,才能让"体育"成为每个人生活的一部分。体育博物馆更要讲好天津体育故事,记录天津体育辉煌历程,激发观众的体育文化自信。

随着博物馆的发展,我们的藏品不断丰富,达到了5000多件/套。馆内收藏有从1984年开始历届奥运会的火炬,从1896年第一届现代奥运会开始的历届奥运会的系列藏品,还有第一届全运会的奖杯、第十三届全运会圣火采集器具等珍贵藏品。除了调拨,馆内大部分藏品都来自各界人士的捐赠。例如,在比赛胜利后,很多天津籍的优秀运动员把自己的运动服等无私地捐赠出来,很多体育业内人士和体育爱好者也无私地向我们捐赠藏品。在无私的捐赠中,我们看到了公众对于体育事业炽热浓烈的情感,我们也希望通过体育博物馆这个平台,将更多的体育文化传播至全社会。

开馆至今,我们接待过很多国内外观众。我发现有些历史只是沉寂了,但从未被人忘记。在我们的"天津与奥运"专题展中设有一个板块,展示了奥运冠军李爱锐(Eric Henry Liddell,又译作埃里克·

亨利·利迪尔)对天津体育发展做出的贡献。李爱锐是一位出生在天津的苏格兰人,1924年他就以47秒6的成绩夺得了巴黎奥运会男子400米金牌。在他运动生涯的巅峰时期,他放弃了优厚的条件和待遇,回到天津,开始了近20年的教师生涯,培养出多位优秀运动员,并将奥运精神和理念一同带给他的学生,传播奥运火种。1925年,重修民园体育场所使用的设计图纸就是李爱锐从英国带回来的,当时使用的图纸是英国伦敦斯坦福桥体育场的设计图纸。李爱锐参加巴黎奥运会的这段经历被拍成了一部电影《烈火战车》,曾荣获奥斯卡四项大奖。1945年,李爱锐病逝于山东潍坊日本人的集中营里,当时只有43岁。开展之后,很多国内外的观众慕名而来,到体育博物馆里寻找李爱锐的足迹。甚至有一些国外观众不远万里,专门到体育博物馆,追寻体育带给人的精神力量。

我印象比较深刻的是来自英国的汉弗莱斯一家,埃里克·汉弗莱斯(Eric Humfreys)出生之前,他的父母看了李爱锐的传记影片《烈火战车》后深受感动,希望自己的儿子能够以李爱锐为榜样,成为心中有"大爱"的人,于是以李爱锐的名字给儿子起名为埃里克。成年之后,父母给埃里克·汉弗莱斯讲述了自己名字的由来,埃里克深入了解了李爱锐的一生,深受感动。他们了解到天津体育博物馆有关于李爱锐的展示,全家专门从英国来到民园,来到体育博物馆追寻李爱锐的足迹。不同时间的两个人,在体育博物馆里有了跨越时空的交集,这仿佛成为一种体育精神的传承。

未来之窗,迈向创新融合之境

体育博物馆所在的民园体育场如今集体育、文化、特色餐饮等于一体,成为五大道旅游区的核心地带,也是天津重要的文化旅游品牌。据我们的粗略统计,来这里参观的80%是外地游客、国外游客。来自世界各地的游客来到五大道、来到民园参观游览,体育博物馆成为他们了解天津城市历史的一扇窗口。

一直以来,我们不断从软件和硬件设施着手,提高为游客服务的综合能力,为观众提供更专业、更全面的体育文化服务。在展览提升改造中增加互动体验和沉浸式体验项目,在馆内增设文创售卖。从观众的需求出发,创新博物馆发展模式,增强博物馆为大众带来的体验感、参与感与沉浸感。在发展中不断创新,"让藏品活起来",做到与时俱进,融合发展。

在信息化时代,互联网的快速发展为体育博物馆的发展带来诸多的机遇和挑战。我们紧抓数字化建设的大趋势,整合馆藏资源,不断推进智慧博物馆的建设,通过线上平台和虚拟技术打造"云看展""云听展""云讲解""云互动"等线上服务。此外,我们坚持体育文化惠民,不断拓展社会教育服务的广度和深度,推出了"女排精神主题科普课程""红色馆藏故事""冬奥故事汇"等线上博物馆课程。创新推出"线上+线下"的双线模式,以虚拟展馆为依托,将展厅参观、线上观展、巡展和现场讲解相结合,向大众普及天津体育历史,建设"流动的博物馆",坚持把优质的体育文化资源送进校园、社区、机关、乡村、企业、商圈,将展览和实物展品带到大家身边。比如,我们推出了巡展"六进"活动,将"海河回响——女排精神展"送到河西区彩悦城、北辰区宝翠花都社区、梅江会展中心、和平区朝阳里社区、天津一中、昆明路小学、天津马拉松赛场等50多处。体育博物馆和众多的学校建立合作,将馆藏资源与学校教育结合,传承体育文化,弘扬爱国主义精神。通过"走出去",将体育文化和体育精神带到大家身边,让博物馆不再是高大上的象牙塔,而是更接地气儿,更靠近普通人。

图13-3　海河回响——女排精神展

在巡展过程中,我们会将奥运火炬,天津女排获得的奖杯、奖牌等实物藏品带到现场,通过近距离和火炬、奖杯、奖牌接触,聆听讲解员的专业讲解,大家对体育精神和天津体育历史有了更深入的理解。在互动中,观众眼神中流露出对于体育的自豪感是发自内心的,也是诚挚和热烈的,是一种深层次的体育文化自信。这对我们博物馆来讲也是一种教育,是一种充满感染力的反馈,从中我们也感悟到了博物馆工作的使命和意义。

博物馆是一个城市历史文化的窗口,坐落在五大道民园的体育博物馆藏着天津体育独有的历史和底蕴。以文塑旅、服务社会,作为五大道的一张重要名片,我们还有很长的路要走。不忘初心、协同发展,博物馆正在释放勃勃的创新创造活力。

（刘建斌,天津市体育博物馆馆长;陈娜,南开大学新闻与传播学院教授）

香溢常德道

——我和沉香艺术博物馆

◉ 黄　毅　口述　刘云云　整理

天津市和平区常德道37号,一座三层英式小洋楼,推开一扇铁制院门,走过干净整洁的小天井,拾级而上,便踏入一方静谧悠然的文化空间——天津沉香艺术博物馆。从2010年1月1日正式开馆,到今天发展成为五大道街区一个特色鲜明、风格独特的民营博物馆,作为馆长的我,见证了博物馆初创的艰辛,见证了这方天地的茁壮成长,也见证了五大道日渐游人如织的繁盛。

在充满人气与热闹的著名景区里,运营着这样一个小众而高雅的博物馆,看似曲高和寡、自娱自乐,实际上从游客访问量、活动延展度等方面来看,我们找到了一条跟五大道文旅整体定位相符合的运营路径,实现了博物馆的价值。悠悠沉香自这座蕴藏着百年历史的洋楼溢满常德道。

创办国内第一家沉香博物馆

2010年8月28日至30日,中国首届沉香文化艺术博览会在寮步镇香市文化广场举行,吸引了国内外150余家参展商,世界沉香精品云集,这是我国第一次举办大型沉香文化艺术博览会。此前,国际沉香界从未有过规模如此之大、档次如此之高、参与人数如此之多的盛会。这次香博会上,天津沉香艺术博物馆中的沉香雕香船、"水生三宝"等极品沉香艺术品参与展列。那时我们刚刚建馆,作为国内首家沉香博物馆,为天津能作为特色展馆出现在这条拥有1000年历史的沉香古道上而自豪。

我生在天津,在这个并非沉香产地、与沉香似乎没多大关系的地方长大,但从小就流露出对传统物件的"好奇"。我的爷爷和姥爷都爱好传统文化,姥爷还是一位书法家。耳濡目染下,我也喜欢上"旧"的东西,还记得童年时的玩具里,有一盆清朝的鼻烟壶,我整天把玩,爱不释手。受家庭影响,内向社恐、不爱社交的我喜欢躲在家里看藏书,喜欢书里那些"旧"的文字,尤其爱读写香的句子,"酒阑更喜团茶苦,梦断偏宜瑞脑香"……这些诗句时常回荡在我嘴边、耳边。或许正是阅读这个爱好,将我引至了解、学习和传播传统文化的正路。在对古籍的阅读中,我认识并逐渐喜欢上了沉香,与沉香结下不解之缘。

书中常说"沉檀龙麝","沉"即指沉香,位于名香之首,沉香木本无香味,只有在树木受到外界力量摧朽后,为愈合"伤口"而凝结成油脂的香块才称为"沉香"。结香的方式,赋予了沉香幽静的气息,并成为自然界中少数具有抗菌效能的生药材。沉香为古代文人雅士所喜,成为中国香文化的重要组成部分。自秦始,中国香文化便有了长足发展,先秦用"原态香材",对未加工的香草、香木进行熏制;汉代香文化已初具规模,"丝绸之路"为华夏文明带来了异域香品,由此,沉香文化进入中国香文化之中;经过历代的发展,到宋明时期,沉香文化成为文人雅士对超凡脱俗的精神境界的一种理解,发展到高峰;辗转至近现代以后,中国社会对沉香的理解开始断层,由于战乱和大量的财富外流，精致高雅的沉香逐渐淡出世人的生活，中国香文化由此开始没落。

时光悠悠百年过，沉香虽然淡出过人们的视野，却始终未曾消失。随着祖国日益强大，国人对中华文化的认同感不断提升。近年来的国学热、汉服热、国风热等，无一不彰显了文化复兴潮流的势不可挡。正是在这样的时代背景下，我与一群志同道合的伙伴本着弘扬沉香文化的初心，在常德道上开设了这家博物馆。

这个想法充满了挑战，市场营销专业出身的我，深知这个选择可能难以平衡利益与兴趣，但我们还是做出了尝试。天津市风貌建筑保护办公室下辖成立天津市历史风貌建筑整理有限公司后，我们以租用的方式，与另外一些文化实体搬进了民园西里。刚入驻常德道37号时，这里除了一座三层小楼什么都没有，我们像对待珍贵的沉香木一般，慢慢打磨装饰，博物馆渐渐成型丰满。如今一楼展厅陈列的是各类沉香珍贵样品、香器、与沉香有关的文创产品等，小小的沉香展品看上去没有那么耀眼，但其实都是海内外搜集来的非常珍贵的藏品；二楼是文房空间，展示香文化和与古代文人生活息息相关的物件、画作等。我听说这座小楼曾是英租界的公寓楼，著名裘派京剧艺术家、国家一级演员邓沐玮曾居住在二楼，他常演《铡美案》《铡包勉》《赤桑镇》《龙凤阁》等剧目，深受京剧迷喜爱。京剧与沉香——这两种都能穿越时空的文化载体，以另一种方式相遇在五大道，彰显传统文化之美。

现在，博物馆的经营已步入正轨，沉香文化也在这片拥有百年历史的街区内扎根生长。我至今仍觉得奇妙，在车马不便的古时，从古中国南方地区贫瘠土地上生长出与瘴气抗衡的沉香木，宋以后的古人洗手点香，串珠为饰，以为风雅，而如今古老的沉香文化传承到了我们这一代人手上。在博物馆刚筹备时,国内尚无先例,只能慢慢摸索,凭着对沉香与传统文化的一腔热忱拼力去干,到如今,我目睹国内诸多沉香博物馆蔚然兴起,更有无尽的喜悦与自豪。我不仅要传播沉香文化,更"贪心"想把这个博物馆打造为五大道新的文化地标,将这项略显"失落"的传统文化推至世界。

向游客多维度展示沉香文化

自2009年下半年入驻民园西里文化街区,沉香艺术博物馆已有近14年的历史。多年来,我们埋头苦干,做了很多基础工作。比如,对中国传统文献中记录的沉香名词进行考证;对中国传统香薰疗法进行梳理和研究,对沉香的药用价值进行相应的整理研究;对中国历代香器造型进行器物学归类并研究其演化规律;对唐诗宋词中的"香"进行名物学考证;等等。

我们馆内人员并不多,但都是喜爱传统文化的年轻人,博物馆也不以营利为目的,我们穿着融合古风的服饰,谈香赏文,传香邀友,乐在其中。游客进馆参观是免费的,来此浏览藏品、听馆员讲解、亲身感受我们精心布置的文化空间,或许就能对沉香和中国香文化有一个基本的认识和了解,知道这是中国传统文化中的一个重要组成部分,有着悠

图14-1 天津沉香艺术博物馆在杭举办苏轼文物特展,开展文化体验活动

久的历史传承,这是我们建馆的初衷。如果有游客对此有更加浓厚的兴趣,想更深入接触,那我们也有相应的活动可以参加,比如各种主题展览、讲座、茶会、剧本杀等,这几年我们也一直在不断推出并提供更加个性化的、注重体验感的活动,试图将传统文化传播至更年轻的群体。

自开馆以来,每年推出 10 个以上主题展览,吸引了国内外大批观众,馆内年均参观人数 14 万左右。近年来,我们打开思路,积极探索推广方式,以视频直播、数字展览等线上方式,继续以饱满的热情最大限度地为观众提供服务。我们尝试着先后推出了 6 个线上数字展览和 28 场线上视频云端看展活动,带领观众足不出户,在线就能欣赏到馆内的藏品,听到专业的讲解。

我最感动和欣慰的时刻,是在馆内看到观众求知若渴的表情,听到他们对藏品和空间给予好评。那样的时刻,我仿佛穿越回童年,看到那个小小的我,面对长辈的藏书,贪婪地去"嗅"古香的味道,触摸传统文化的心跳。多年来从事传统文化的研究和传播,接受者的认可就是我最大的成就。炉烟香飘九万里,初心不改十四年。作为五大道上以沉香文化为主题的民营博物馆的运营者,我希望自己能够发挥能量,传承好、弘扬好优秀的传统文化。

打造五大道地标性文化机构的新愿景

在博物馆自身发展壮大的同时,我和伙伴们也见证了五大道街区文旅的飞速发展。五大道之于天津这座城市,的确是一个特别的存在,如今,它更像一张代表天津的亮丽名片。人们常说"百年中国看天津",近代以来,天津形成了独特的中西交融、南北融合、兼容并包的多元文化格局。作为一个天津人,与五大道朝夕相处,我却总

图 14-2　沉香博物馆庭院

有不一样的惊喜与自豪,在车水马龙、游人如织的街区里,我愿意身体力行,以博物馆为媒介,为天津文化的传播和发展做出贡献。

在相对幽静的常德道上,沉香艺术博物馆也以沉静的姿态,默默发挥着自身以史育人的作用。我们是一家很小的民营博物馆,但却是目前天津唯一的民营国家二级博物馆。十几年来,我们通过各种形式的展览、主题活动等,吸引了大量游客,提升了五大道文化旅游景区的知名度与美誉度,也为天津市的文化传承与推广贡献了自己的力量。到馆的参观者中甚至不乏外国游客,有人不远万里来到中国,来到天津,就是为了奔赴沉香博物馆,看一眼珍贵的沉香藏品,以香问迹。

凭借藏品的丰富性和珍贵程度,我们有绝对的信心传播好沉香文化。在未来的发展方向上,我们也有比较清晰的考虑和规划。博物馆的日常运营需要有力支持,在参观免费、没有门票收入的情况下,就要在项目运作上实现造血功能,来反哺博物馆的日常运营,房屋租金、日常维护、员工工资等,都是不小的开支。除了文创产品能带来一定的盈利外,我们也策划开展了主题雅集、研学、剧本杀等活动,以及对外合作所做的展览的策划、布展等,都是为了多维度扩展业务。除了常德道37号的博物馆外,我们还在蓟州区翠屏山脚下,建设了一个占地约30亩的特展区,将展览与旅游资源相结合,既有专业的文化展览,又有大量户外的园林景色,希望将其打造成一个在京津冀地区有特色、有深度的文旅目的地。

目前博物馆只有300平方米,面积比较狭窄,房间也比较小,导致藏品陈列、空间设置等都受限制。我们也计划扩大规模,搬到一个空间更大的位置,让博物馆兼具更多的功能,把它建设成五大道街区或者说天津市的一个中国沉香文化中心,在保留原有博物馆功能的同时,也赋予其更多的功能,比如说沉香文化的教学中心、沉香主题文化产品交易中心、沉香等级鉴定中心等,将其打造成为五大道街区一个地标性的文化机构。我们希望游客,尤其是从外地来津的游客,在漫游五大道时,观赏了热闹的主要景点、欣赏完各具风采的小洋楼之后,可以到沉香文化中心来,放慢脚步、沉下心来多侧面多维度地了解、感受以香文化为代表的中国传统文化的魅力。

近些年来,博物馆日参观数量的增加,也给了我们很多信心和动力。越来越多的国人对于传统文化,特别是香文化产生了浓厚的兴趣。在香文化沉寂了几十年甚至上百年之后,开始有人走近这个曾经辉煌如今却稍显落寞的领域,我们不想错过这个契机,而是要抓住机会,做大做精做深各种展览,推出更加符合当代观众审美需求的主题活动、文创产品等,让沉香艺术博物馆成为五大道街区一

图14-3　天津沉香艺术博物馆参加文旅部在京举办的文化活动，与外国使节共同体验品香文化

道亮丽的风景，让每一个来参观过的游客都能有所收获、有所感悟。香溢常德道，古今共雅情。

让沉香文化走向全国

这几年来，我们还持续做一件微不足道的小事——服务于博物馆的青少年教育，和一些学校建立了良好的合作关系，目前已成为天津市少先队校外实践教育基地。为让博物馆走进校园，2021年6月，我馆分别与第二南开中学、鞍山道小学达成馆校共建协议，共同建立中国香文化进校园推广基地。我和团队成员经常深入这两所学校开讲座，向中小学生介绍以香文化为代表的优秀传统文化，激发学生们对传统文化的兴趣，增强他们对民族文化的认同感。有一次，我在向学生们讲述沉香的历史时，听见一个孩子说道："沉香真美。"看到学生们渴求知识的眼神、对传统文化心领神会的笑容，我更加觉得自己做的这一切都是有意义、有价值的。

虽然已在努力扩大沉香文化的影响，但沉香艺术博物馆仍然是一家相较小众的博物馆,有诸多需要打破的桎梏与枷锁,我想跳出这300平方米的小洋楼之外,做一些新尝试,为发扬光大优秀传统文化探索一些新路径。静水深流,非一日之功。近些年,我们利用线下主题展览、在线传播平台,通过不同主题的展览、直播、视频等方式,以香文化为切入点,将中华文明中的生活智慧、养生思想、艺术美学、工艺技术等内容传递出来。我们踏踏实实地做事情,社会影响也逐渐扩大。

比如,尝试将传统文化与当代社会生活紧密结合,开发满足当代人需求和喜爱的文创产品。如何让文物活起来?在我看来,文创就是博物馆的最后一个展厅,观众参观完了,带着心仪的文创产品离开,虽然回家了,但博物馆的功能还在延续。我们近几年也开发了很多富有创意的、与沉香有关的文创产品,如面膜、熏香、茶具、扇子、香插等。其中,既有符合特定人群需求的高价位产品,也有价格亲民的工艺产品。比如有一款叫"独钓寒江雪"的香插,外观看上去就是一艘小渔船上坐着一位穿着蓑衣的老者,但它内部有蓝牙设置,可以连接手机听音乐。在我看来,传承过去好的东西,并不是简单地复原、偷懒地复制,而是要在符合当代人审美的前提下,开发新的文化产品,给传统文化插上现代科技的翅膀,用科技创新为文化赋能,这样就会带来意想不到的传播效果——使传统文化在新时代焕发新活力。

博物馆不仅仅是一个固定的建筑,更像是一个流动的传播文化的符号。自建馆以来,我们的目光不仅停留在五大道、天津,更是将视野放在国内甚至是国际文化传播界。基于此,我们建立了一支优秀的香学研究专家团队,力图挖掘博物馆作为生活考古前沿的作用;与国内外相关学术组织、专家开展密切的学术合作,参与制定沉香评级,并发布了博物藏香标准。这些来自北京、上海等地的专家参与到我们一系列展览、主题活动的前期策划中,提供坚实可靠的史料支撑。基于这些研究成果,我们的主题展览才有扎实的历史依据、深厚的文化背景,让观众在观赏之后确有收获。

十几年来,我们也定期开展主题文化巡展及文化活动,国内外年均参观量有40万人次。去年中秋前夕,应邀去北京参加了面向驻京外国使节的"月圆中秋·中秋文化专场体验活动",展示中国传统香文化,一些外国使节对我们竖起大拇指,表示会将中国的香文化介绍给更多的外国友人。建馆当年,我曾带着我们的沉香参加了在广东寮步举行的首届香博会,正是1000多年前,国内与越南的沉香从寮步古香道跋涉远行,流入中国香港,再流入南洋和欧洲,欧洲人从中提炼出沉香与檀木的精华,制成香水或其他香事。如今,我想让更多的人看到中国的沉香,也看到璀璨的中华文化。今年7月,我馆和杭州西湖博物馆总馆联合承办的苏轼主题文物展"高山仰止 回望东坡"展区和"高山仰止 家风世传"展区,分别在杭州南宋官窑博物馆、杭州苏东坡纪念馆开幕,展出珍贵文物120余件,举办多场雅集活动和专家讲座。这两个展区在杭州非常火爆,日均参观人数众多,现场互动热烈,文创产品销售屡创新高——这给我们带来启发:用心做高品质的主题展览,观众才会买账,我们不仅仅是商人,还是心怀复兴传统文化梦想的追梦人与奋斗者。今年"十一"假期,我馆主办的"中国画中的宋人香市——沉香主题文物展",在北京金隅龙顺成文化创意产业园开展,成为这个黄金周当地的一个活动亮点,吸引了众多游客前来观赏,我们借机宣传天津沉香艺术博物馆,邀请游客们到天津到五大道来参观。让五大道更加迷人,吸引更多的参访者,对我来说,是与有荣焉、责无旁贷的事情。

初来常德道37号那天,我推开那扇略显陈旧的铁门,似乎也是在推开历史尘封下悠久的沉香文化。在这座穿梭过无数行人的小洋楼里,我于一楼串起一排挂着沉香的瓶子供游客嗅闻,那缕香意幽然侵入体内,伴着传统文化质朴绵延的幽香,一并流入五大道的日暮晨昏。今后我还会继续走出沉香博物馆,和全国优秀的博物馆等艺术机构合作,继续传播中国传统文化中的精华内容,为文化传承和发展贡献一份来自天津的力量。

（黄毅,沉香文化研究学者、天津沉香艺术博物馆馆长、中国野生植物协会沉香保育委员会副秘书长;刘云云,海河传媒中心天津日报副刊部编辑）

不忘昨天的来处　认清明天的去向
——记和平区非物质文化遗产展览馆

● 王　爽

上午10点,和平区非物质文化遗产展览馆刚刚开馆,一位80多岁的老大爷就走了进来。老人径直走到"津味儿"板块处的老式黄牌电车上,车厢内屏幕上闪过一张张20世纪三四十年代的老照片,小白楼、和平路、南市……老街旧影、斑驳时光,老人家一边看,一边拿着手绢抹着眼泪。他在这"车厢"里,一坐就是一个上午。

这一幕,给和平文化宫展览馆部主任陈旭留下了很深的印象。他说:"我们设计的这部名为《穿越》的小短片,唤起了老人儿时的记忆。也许当年,这位老人就是坐在这样的电车里,和家人一起出去玩儿吧。"

唤醒血脉中积淀的文化基因,重温过往岁月中的经典传承。在和平区非物质文化遗产展览馆1000平方米的展厅里,这样的故事每天都在上演着。

缘　起

和平区作为天津市的中心城区,历史悠久、文脉深厚。近代以来,这里商贾云集、中西文化交融,形成了独特的地域文化和区域文化。和平区多年来一直十分重视非物质文化遗产的保护与挖掘,至今共挖掘出非遗项目88项。这其中既有享誉海内外的狗不理包子制作技艺、老美华制鞋技艺等,亦有市民和游客耳熟能详的白记水饺、正阳春烤鸭等。可以说,百姓衣、食、住、行、医、娱等各个领域,都有精湛的非遗项目传承至今。如何让这些非遗项目被更多的人看到、了解、喜爱并加以发扬光大? 如何让百年前城市的风采展现在年轻人面前? 为此,和平区的文化工作者们没少动脑筋。

2008年初,和平区第一批20项非遗项目获得了授牌。和平区非遗工作者们在位于吴家窑二号路的和平文化艺术中心一层设立了非遗展厅,以供业界人士和市民参观交流。当时的展厅仅100平方米左右,以橱窗中的展板、实物等形式展出有限的几个项目。广大市民对此认知度并不高,仅有个别对非物质文化遗产感兴趣的观众会特意走进来观展。无论是展览规模还是展示方式,显然这样的条件并不能充分展示和平区丰富的非遗项目,于是非遗工作者们多次向上级呼吁扩建展馆,在获得上级单位肯定后,选址成为摆在面前的一大课题。

当时,和平文化艺术中心已经没有更多的空间用来扩建展馆,因此只能从区内现有的场地里进行选择。2015年,经过多轮斡旋后,区政府决定在重新翻修没多久的民园广场北侧西楼2层设立新的和平区非遗展馆。这个选址一举三得:一是顺应了民园广场的整体规划,新的非遗馆与天津市体育博物馆、五大道历史博物馆、拜石博物馆形成了一个新的博物馆群,赋予了民园广场更多的文化属性;二是顺应当时文化+旅游融合发展的大形势,将非遗展馆放在AAAA级旅游景区内,不仅保证了参观展馆的客流,更是对和平区区域文化的一种有力传播,是一张有形的"城市名片";三是为非遗项目提供了更好的活态展示平台,让一些囿于传播手段单一、展示平台匮乏的非遗项目以更好的方式展现在广大市民和中外游客面前,不但获得了更多的关注,也为进一步的传承和活化创造了条件。

2016年底,和平非物质文化遗产展览馆在民园广场2层落成并试运行,展览展示面积1000平方米,当时展示了和平区历经四批申报的共计48项非遗项目。2020年,展馆增添了第五批、第六批共计17项非遗项目。目前,展馆展出共计6批申报的65项非遗项目。

登　场

走进处处体现着中式风格元素的展厅,迎面是三尊塑像,他们分别是国家级非物质文化遗产中国古典戏法代表性传承人王殿英、国家级非物质文化遗产天津老美华手工制鞋技艺创始人庞鹤年、国家级非物质文化遗产天津狗不理包子的创始人高贵友。两侧弧形展示墙上依次标明了众多非遗项目,如同展开的双臂,欢迎着中外游客在这里开始一场非遗之旅。从这里开始,"津味儿""工巧""百

图15-1　和平区非物质文化遗产展览馆标识

戏""医道"四大板块依次展开,展览区、非遗传习区和非遗图书馆巧妙地镶嵌其中。

"津味儿"展区处,除了翔实的图文说明,展柜里的食品类非遗项目格外吸引观众。二嫂子煎饼馃子旁边放着两个鸡蛋、羊汤洪的羊汤上漂着翠生生的香菜、蛤蟆吐蜜烧饼好像刚刚出炉……这些采用树脂、硅胶等材料进行拟真复制的食品类展品常常引得游客们垂涎欲滴。

"工巧"板块展区,手工技艺类展品采取传承人捐赠的方式进行展示。老美华制鞋技艺的展柜里,"三寸金莲"的绣花鞋总能让观展的年轻人惊叹不已。

在"百戏"区域,相声、评书、古典戏法……让人恍惚间如同来到热闹非凡的茶馆戏楼,不由得感慨天津曲艺重镇、戏曲大码头的声誉绝非凭空而来。

"医道"展区里,张氏摸骨诊疗、指砭疗法等传统医术在展板上无声地讲述着自己的特色和传承谱系,让观者体会到中华传统医学的博大精深。

除了这些静态的展示,展馆里设置了几处颇具参与感和体验感的区域。比如在"津味儿"板块前,一辆复原的民国时期天津黄牌电车停在那里。走进车厢,坐在古旧感十足的座位上,车厢里的屏幕循环播放一部名为《穿越》短片。设计人员用了近千张20世纪三四十年代天津街景照片,以车站站点的顺序编排,构成了一幅老和平商业镜像掠影。独具匠心的是,30分钟的"老和平"淡出画面后,"新和平"的风采跃然眼前——津门津塔、津湾广场、金街、五大道……繁华都市、动感十足的现代商业让人们在亲切感油然而生的同时,充分感受到百年来新旧和平的鲜明对比。

图15-2　和平区非物质文化遗产展厅

　　除此之外,馆内根据非遗项目设计的几处"拍照打卡点"充分满足了游客留影和分享的心理需求。例如在"竞技麻将"项目展示区域,设计了一个"三缺一"的场景———一张牌桌,三人围坐,独独空了一张椅子。于是很多游客选择在此拍照留念,甚至牌桌上的"发"字都被心有愿景的游客用手指摩擦得锃亮。

　　值得一提的是,设计者还专门设计了非遗图书馆,这在当时非遗类的博物馆中属于一种创新。图书馆内共计收藏了1400余册非遗类的图书,为市民和游客查阅非遗资料提供了极大便利。后来,由于非遗图书馆环境优美、书香味浓,很多机关、事业单位选择在此举行小型活动,同时也是非遗活态展示的一个重要空间。

焕　新

　　和平区非物质文化遗产展览馆2017年初正式对公众开放,一下子就受到天津本地和外埠游客的热烈欢迎。流连其中,老年人在重温逝去的光阴,年轻人在惊叹曾经的辉煌,孩子们则睁着好奇的眼睛,血脉中的文化基因悄然被激活。

2019年，和平区非遗展馆与和平区中心小学建立了常态化志愿服务合作，定期为小学生进行志愿服务培训和讲解服务培训，并由此培育了一批优秀的小学生讲解员。很多孩子通过这样的培训，不但爱上了讲解服务，而且对所介绍的非遗项目产生了浓厚兴趣。展馆工作人员介绍说，有一次，和平中心小学一个三年级的小男孩，在为参观者进行了讲解后，本该结束当天的服务回家了。可孩子自己觉得没过瘾，就和家长要求"再讲一会儿"。他在展厅里久久不肯离开，一有参观者在展牌前站定，他就走过去进行讲解，参观者纷纷被这个热情的小讲解员打动。那天，这个小男孩一直讲到闭馆。此外，和平非遗展馆还创建了和平区非物质文化遗产展览馆志愿服务团队，吸纳大中小学生到馆内进行志愿讲解服务，年服务接待人次达500余人次。展馆和岳阳道小学、和平中心小学等合作开展素质拓展课，把鼓曲、剪纸、盘扣等10余个非遗项目带进了孩子们的课堂。

　　每逢节假日，展馆里的非遗文化活态展示展演总是很受游客们的欢迎。煎饼馃子、包子等食品现场制作，剪纸、盘扣、制香等手工艺类项目现场展示，经常让馆内气氛达到高潮。有一次，一个国外参观团看了老美华制鞋技艺展示后，一位外国友人当场就要买下老美华的一双布鞋。可是现场展示鞋的号码和他的尺码并不相符。尽管如此，这位外国朋友仍执意要买。工作人员不得不现场协调，从离得最近的老美华店铺紧急给他调换一双鞋来，让这位朋友心满意足地带着这双鞋离开展馆。让非遗项目能看、能听、能触摸、能感受，一直是展馆工作人员的心愿。为此，他们不仅通过展板、语音导览等方式介绍非遗项目，同时在展线的最后开辟非遗商品展示区域，将一些市面上最新、最受欢迎的非遗产品进行展示售卖，令真制

图15-3　日本中学生正沉浸式体验非遗馆制香活动

香的香类产品、瓶子刘巧夺天工的玻璃制品陈列在柜台里,游客看过展览,挑选一两件喜欢的产品带回家,他们和这些非遗项目的"缘分"便又加深了。

2023年"五一"假期,和平区非遗展馆和天津曲艺团进行了深度合作,共同创作了《和平故影》曲艺情景式演出,推出后深受好评。游客进入展厅后,曲艺演员扮演的"小二"便迎上前去大声招呼:"先生小姐,咱们接着往里走看节目! 下一站,摩登大世界! 您这边请!"跟随"小二"的指引,游客来到弧形屏前,随着歌者的吟唱,游客们开始了时空之旅。鼓曲、吆喝、相声、评书……台词交到参观者手上,他们和演员一起用曲艺的形式铺陈开传统与现代交织的天津故事。一位北京来的游客,和曲艺团演员配合完成了传统相声《报菜名》后兴奋地说:"开始我有点忐忑,但说到最后觉得挺好玩儿的。"通过参与式演出,游客们不但更直观地了解、感受了天津特有的文化,而且记住了众多天津老字号,很多人走出展馆,便去一一寻访。

知道我们从哪里来,就能更好地走好通往未来的路。在非遗项目的展示、传承上,和平区非遗展馆一直在孜孜以求地努力着。我们有理由期待,这里将带给游客们更多的惊喜。

(王爽,天津海河传媒中心天津日报副刊部副主任)

桑丘在五大道奔赴美好

● 韩筱龙　口述　陈娜劳模创新工作室　整理

　　桑丘是西班牙作家塞万提斯《堂吉诃德》中的人物，他是堂吉诃德的仆人，从极端现实转向为理想而奋斗就是桑丘的成长经历。我以桑丘命名了书店，其实也是演绎着为城市而生、为理想而奋斗的桑丘。2020年开始，我把桑丘书店搬进五大道，其中原委很多，有无奈、有坚持，现在看来，选择五大道是对的。五大道从不缺理想的力量，也不乏坚定的信仰，这里始终是一群人为理想而奋斗前行的地方，我与桑丘书店的故事，也只是五大道精神的延续。

从"高墙"之外，到街巷之内

　　我与五大道结缘于年幼之际，小时候我住在和平区，放学常来这里看老房子，但那时永远只是在外面看，不敢进去。过去五大道是一个安静且"神秘"的地方，多的是领导穿行的车辆，行人却极稀少，不像现在完全向民众开放，那时我透过砖瓦雕镂的缝隙看洋楼内的剪影，或站在长街一边久久凝视晨曦中的建筑，五大道为年幼时的我勾勒出对美与艺术的最初向往。后来我在高考结束后选择到厦门读大学，孤身游走在厦门的鼓浪屿，曾有数次与列强租界擦肩而过，历史的烟霭似乎随着脚下的步伐凝聚重现，它特色鲜明的

图16-1　桑丘书店外景

建筑风格也将我拉回到五大道上的万国建筑与洋楼，勾起了我对五大道最质朴的乡情，漫步在这里，我无限怀念故土，只有身在异乡，才最容易为故乡的建筑而自豪动容。

思归之情日浓，2019年我结束了在外打拼的生活，决定回天津开一家独立书店，在多方选址后，最终将书店开在了四季酒店的负一层。不久由于房租问题，我便被迫搬了出来。也是机缘巧合，五大道空出很多店铺，我很意外地租到了这里的老房子，从2020年开始，五大道成为我拼搏奋斗的地方，这一次我终于站在了五大道的"里面"，终于能够用自己的脚步认真地丈量五大道的街巷，仔仔细细地去逛这些老房子，了解它们背后的故事。

可能在别人眼里，这个地方又小，租金又贵，不太适合我的书店，但是我觉得，虽不比过去600多平方米的店面宽阔，但这里恰好安放得下我的灵魂与理想。搬到这边后，我发现我的店焕发出了新的生机，远离了写字楼快节奏的奔波与劳碌，五大道的整体格调明显与我的书店风格更加吻合，它古朴的历史韵味尤为书店增添了一层厚重。我曾对人说："人人都感动于堂吉诃德为理想搭建的浪漫国度，但我愿做桑丘，哪怕通晓现实世故，也总要为虚幻的梦想奔赴一次、荒唐一次。"

"桑丘"来到五大道后，开始了它追逐理想、创业艰难的旅程，不过喜幸成效渐有、观书者众多。这家店成功之后，我本计划在其他的省市再开一家店，例如成都、上海等地，我去这些地方进行了实地调查，并进行了成本计算，发现要想开这样的店只有在天津是适合的。一线城市里兼具中心位置与面积的店铺租金，远非一所书店所能承受的。只有租金相对比较友好，且藏有众多颇具特色老房子的五大道，成为桑丘书店不可复刻的"天作之合"。

我来到五大道三年，桑丘也渐渐与五大道融为了一体。五大道最好的地方还在于它有人烟气，它是活的，我的书店旁边有咖啡馆、酒吧、餐饮店，许多真正喜欢五大道、热爱自己职业的经营者，与我共同集聚此处奔赴梦想，由时间积聚而成的人烟气融入五大道安静的建筑，构筑成这片街区包容浪漫的精神。

我先前那家店在负一层，外面刮风下雨是看不到的，如今搬到五大道，临街沿着马路，现在我每天闲下来就出去转一圈，我最喜欢跟每个人打招呼，我会跟送快递的小哥打招呼，也会和咖啡馆的主人打招呼，五大道已经变成一个很大的街区，但我走于其间，却觉得阡陌间的人烟气让这里变得很窄很近。与当下快节奏生活下浮于表面的生活方式不同，在这座房子里，我享受到了前所未有的宁静。

沸腾的街道，安静的桑丘

我租的这栋老房子原是用于居住的住宅，后来由政府收购重新打造，租给像我这样的经营者。我原本按照传统书店图书区、咖啡区、活动区、分享区、少儿区的布局对老店进行分区，但是搬到五大道的老房子后，受空间限制，过去的分区布局方式不得已舍弃，设计

165

图 16-2　文化沙龙

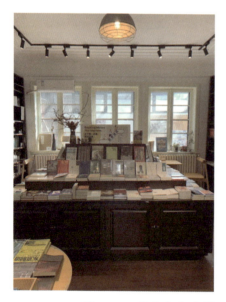

图 16-3　桑丘书店内景

师便运用人体工学、光线设计来进行感觉空间的整合，经过多次尝试后布置成现在的样子，很多常来的顾客都觉得我们这里很舒服，连颜色偏深的展台也得到了许多顾客的赞誉，这样的舒适、安静似乎更适合五大道的桑丘。

在五大道经营书店的三年中，每一年桑丘的客群都在发生变化。在桑丘搬来之前，原本用作经营的葡萄酒收藏馆因无力维持而闭店，桑丘才有机会来到常德道。那个阶段，这条街全都是一些私房菜、高端餐饮或者私人会所，一般人只是路过，都不知道这些房子里是做什么的。也就是在这个时候，桑丘在这里开了起来，为这条安静的街巷引入了一个没有门槛的开阔空间。所有人都可以进来，都很惊讶这个地方有了一间书店，之后这条街逐渐又开了咖啡馆、酒吧，这条昔日冷落的街道渐渐热闹了起来。

2022年政府特免了半年的房租，给了桑丘存活下去的机会，桑丘也渐渐变得更好。2023年4月海棠花开，五大道游客暴增，桑丘书店的客群也随之转变为以外地游客为主，周边的店铺同样发生了一些变化，多了卖土特产、酸梅汤、烤肠等小吃的商贩，走马观花的游客也逐渐多了起来，还有游客慕名而来，只为拍照打卡，这并不是我开这家书店的初衷和意义。因此，我在书店门口贴了请勿打卡拍照的标语，我想迎接的是真正的读者。

一时的火不能长久，过度追求成为网红店也不是桑丘的理想，我不只开一年的店，我要做的是把红的时候积累下来的流量转化为持久的关注度，要把顾客留住，要把文化永永久久地传下去。我择五大道而居，是因为热爱这里的精神与文脉，五大道和我的书店相互促进、相辅相成，桑丘良好的经营环境离不开五大道优越的地理位置，书店客流量的增加也带动着五大道文旅的发展。我想做的一直是一个可以代表本土特色且更加融入五大道的本地书店。将店铺搬到五大道之后，我也会定期组织一些与天津相关的主题活动，这些活动涉及的年龄层很广泛，不管是70多岁的老爷爷，还是十几岁的初高中生，不拘年龄，都能积极参与探讨，我在一边听其侃侃而谈，乐在其中。在2022年我做过《万国天津》的主题，2023年又做偏学术类的图书《近代天津》《天津的近代性》，销量均很好，参与活动的读者也众多，虽离那个时代较远，大家对于五大道和天津这个话题却都是感兴趣的，可惜尽管有卷帙浩繁，但真正好的与天津相关的好书却不多，我想继续找一些像《万国天津》这样的书，让读者更深一步了解天津这座城市。

其实互联网时代,桑丘的阵地也不仅仅是在线下,从最早的微博、微信公众号,到现在的大众点评、小红书、抖音,网络扩大了店铺的影响力,也为桑丘带来了更多的可能,我相信实体店抢夺的不只是本地的顾客,全国的爱书之人都可以通过网络了解到桑丘,甚至奔赴这座城市。好的实体店能够促进一个城市的文旅发展,我深信不疑。对于我个人来说,我喜欢接受采访,喜欢和别人说起桑丘,也一直在积极参加政府举行的"最美书店"评选活动,我希望能通过这种方式与政府沟通和交流,让更多人了解桑丘,我是一个生意人,但唯独在做书店这件事上,我更希望自己纯粹一些,"贪名"一些。

五大道在我的成长过程中扮演了重要的角色,若无五大道,也无今日之桑丘。我可以说一路见证了五大道的发展,从之前的不可触摸到现在的完全开放,从过去的遥不可及至如今的人烟之气,这些皆不断地加深着我对它的认知。我要做的是要继续挖掘五大道的精神内核,让它创造更大的文化价值,使它成为天津更加亮丽的一张名片,吸引更多的人愿意来天津、来五大道。从历史到未来,桑丘与五大道的故事仍在上演,我唯愿继续隐在幕后,让桑丘为理想去继续追逐一段浪漫瑰丽的远行。

(韩筱龙,天津桑丘文化传播有限公司总经理;陈娜,南开大学新闻与传播学院教授)

一杯咖啡慢品五大道

◉ 杨　蕾　口述　陈娜劳模创新工作室　整理

　　洋房、洋车、教会学校、回力球与赛马、咖啡馆与黄油蛋糕……这是《冯骥才画天津》中一身洋气的五大道，也是我对这里最初的幻想。我始终觉得，这座桨声灯影里的城市应当具备一种最洋气的浪漫，它成排的洋楼间飘散出的应是欧式古质的风情，浓荫下的海棠与银杏带来的则是馥郁清幽的风雅。推开老房子斑驳的门扇，在深咖色的栅栏与圆桌前，还应有丝丝缕缕的咖啡之香唤醒浪漫的清晨。

我以初心筑简初

　　我是一个喜爱"浪漫"的人，也是一个"重度咖啡成瘾患者"，我最早的职业其实不是做咖啡，开店只是因为在机缘巧合之下，听到一个朋友开一个咖啡小馆儿的提议，我想着反正自己也喜欢咖啡，当成终生的事业也无妨，于是一拍即合，做成了现在的简初。

　　咖啡虽是个"舶来品"，但不知何时已经成了现代社会的必需品。无论是在上班路上随手购买，还是特意选择环境幽雅的咖啡店消磨时间，越来越多的人都需要早上这一口来正式打开工作模式。2016年我成立简初的时候，咖啡店还很少，但2017年开始，受星巴克这些连锁大品牌营销的影响，更多的人开始建立起对咖啡的认知,并关注起原本属于小众领域的咖啡文化,随之而来的是越来越多的咖啡店的出现,如今重庆道上的咖啡店已不下几十家,他们共同挤进五大道的故事里,为这些古老的街道增添了浪漫的醇香。

洋楼成片的五大道西化既久,从不缺咖啡醇厚的风情,初创时期我去过五大道许多次,在不同的咖啡店体会不同的欧式之感,简初的雏形也是于那时在脑海中逐渐勾画成型。

我记得初创时期的简初是在桂林路一间小房子里,一共才18平方米的窗口店,开得仓促而简陋,随意购置一些设备就开门营业了。我那时想得也很简单,只想做一个简单的小店,让自己有个珍藏的空间,也让窗口咖啡成为新的消费习惯,我想将咖啡变为一种真正的生活状态,而不是一种只存在于照片上的"打卡"文化。我最初觉得窗口咖啡的形式便很好,也没想过更换店面,只是干的时间长了,客人越来越多,18平方米的小店哪里能容纳得了那么多的客

图 17-1　简初咖啡店

人,最多的时候,十六七个人拥挤在逼仄的空间里,为了给顾客一个更舒适的体验,我不断地在找房子搬迁,企图扩大店面,几番折腾之下,我选中了现在重庆路的店面。能安安静静地喝咖啡,欣赏着各种小洋楼和各种国家建筑以及沿途风景,闲时走走逛逛休息一下,这里满足了我对咖啡所代表的悠闲恬适的最简单向往,在古朴的街巷,三两旧友来坐,一缕浓香散逸,我以为,这就是简初想要追寻的初心似简。

四方食事,人间烟火

我从2016年做到现在,自一开始,我们想的就是从咖啡的本质入手,如何把简单的东西做到极致。我们很单纯地只是想把咖啡做好。

因此起初,我们店没有其他的东西,只有咖啡,后来有顾客问,能不能做一点甜品,因为有的时候一待就是整个下午,咖啡毕竟不能充饥,于是后来我又做起了简餐和甜品。我的客户群体更多的是

图 17-2　咖啡市集中的"简初咖啡"

爱喝咖啡的人，对咖啡的品质要求较高，我从不刻意营销，但还是通过口耳相传有了一批熟客，他们闲时便来，更像友人而非来客。我不喜欢喧嚣，店也很清静，客人们抱着书、抱着电脑，或来工作，或来学习，偷得浮生半日闲。店里曾有对常客，一对老夫妻，大概有七八十岁，满头银丝，精神矍铄，打扮得也很精致，二人谈吐儒雅，满腹经纶，爷爷穿着一件马甲，恍若20世纪的海派之风，五大道像这样年迈的住户有很多，他们来自上个时代，很多曾是大户人家、富家公子，年轻时习惯了喝咖啡、逛舞会，如今虽已垂暮，却还保持着旧时代的风雅。

我们家最出名的简餐是牛肉面，当时只是因为客人中午常来吃饭，而简餐中做面比较方便，我自己炖牛肉，想好了就直接上手，结果端上来，大家都觉得非常好吃，这道简餐也被留下来了。我从不觉得在咖啡馆卖牛肉面是一件"掉价"的事情，四方食事，味美即可，我更爱烟火里的凡尘之心，围炉而坐，热气腾腾的冬日里，这份温暖也便成了萦绕在五大道里的温情。我们这里的客源基本是下午下班后过来，周末的时候基本座无虚席，吃过晚饭方走。还有外国人慕名而来，有一位外国人在这边工作，常来店里久坐，一坐便是一下午，他尤爱浓缩，我后来知道他是巴西人，曾在意大利待了5年，他说简初抚慰了他的乡愁，这里的味道让他觉得"舒适"。

伴着我们的时间长了，很多顾客都变成了朋友和家人。每年圣诞节前后，我会准备一餐所谓的团圆饭，听天南海北的客人谈往事、论前程，过年我们会包饺子，有擀皮儿的，有和馅儿的，大家聚在一起，吃一顿团圆饭，聊聊过去这一年中经历与感悟，似乎一年的劳累与烦恼就这样烟消云散，而快乐与幸福却永远留在了彼此的心里。

不怠于始，不悔于终

幼时，五大道对于我来说就像一座迷宫，感觉永远转不完，每一栋建筑都可以感受到属于它特有的故事，每家门都紧闭着。但现在，五大道已经开放了起来，变成外来旅游的集散地，不管是咖啡店，还是茶馆，抑或是酒吧，这里承载得住全国各地不同性格的来客，尽管这些客人的喜好不同，性格不同，但是在这里有不同风格的店，可以满足所有人的需求。五大道就像一杯浓缩，虽然入口略酸，但弥香余久、回味无穷，要沉下心来慢慢品味。

回顾店铺的发展过程，我们经历了疫情防控期间的低迷与重创，也经历了许多意料之外的困境。简初是在跌跌撞撞中做起来的，有我们所有人的一腔热血与满腔热爱，不过幸运的是，简初一直在得到许多人的帮助与扶持。我记得刚到这里的时候，邻里之间的关系一开始不那么和谐，彼此对新人都有防备，尤其是装修的时候，难免会有些嘈杂，对于其他商户的日常生活也有困扰，邻里皆有微词。负责五大道商铺的管委会和监管所一直帮助我们协调关系，现在，大家组建理事会，彼此之间合作无间，有时还能自发地组织一些活动，进行资源共享，这背后都离不开五大道地区管委会的协调和帮助。在这个包容性很强的地方，我们这些同样爱着咖啡的同频人有幸走在了一起，五大道是咖啡店的数量最多，也是最集中的区域，以咖啡作为一个载体，连接文化和旅游，承接更多的外地游客和国际游客，尽可能多地打造一些咖啡文化节或专业性赛事，是我们共同的理想，也是所有人与有荣焉的向往。

如今这条街上充满的不再是神秘与隔阂，我无数次坐在咖啡馆的露台上，久久凝视五大道的清晨，熙熙攘攘的街道在清晨也会变

图17-3 简初咖啡店制作的饮品

得安静,这份平凡的安静让我觉得幸福。它让我想起了最初的初心——做个简单的店,有个珍藏的空间,做最好的咖啡。

数年来,我在重庆道上看过最温情的人间,历经过最艰难的初创生涯,也在无数个这样的日子里,和同样在这条街上经营咖啡店的人畅谈过关于五大道的、关于咖啡的未来,我会戏称自己是个"匠人",在一次次烘焙与萃取中,在所看过的一幕幕山河人间里,我也一并融入了五大道的筑造之中,在不知不觉中,成为这片昔日好奇仰望的土地上的一分子,我真切地为能在五大道开一家属于自己的咖啡店而自豪,也期冀看到天津的文化可以更好地走出去,让现代特有的浪漫和情调在沉淀着古韵的建筑街道和每个角落里焕发生机。

（杨蕾,天津遇见简初餐饮管理有限公司总经理;陈娜,南开大学新闻与传播学院教授）

新事旧闻道悠然

五大道街的"蝶变"

◉ 邵衡宁

百年历史　精致生活

一脚踏进五大道街区,那繁华背后的优雅静谧,那见过潮起潮落的波澜不惊的范儿,就会裹挟着温煦的阳光扑面而来:风格迥异的万国建筑洋楼群、葳蕤如瀑的街心公园、庭院深深的小洋楼,街两边一家家飘香的咖啡馆、西餐厅,和那些曾发生在这里惊心动魄的人文历史故事,一起涵养而成这里无与伦比的文化底蕴和独特的街区风情。

在五大道街道,如果说占了辖区三分之二面积的五大道散发着大气内敛的贵族气息,那与之接壤的黄家花园则呈现一派从容恬静的市井格调。它紧邻美丽优雅的成都道,距离民园体育场只是几步之遥。当年在这里居住的,大都是中产以上的居民。

这一带的建筑基本是英租界风貌,现代高端的商贸大厦与挂着"一般性历史风貌"牌子的老楼嘈杂和谐并存。这里一直被老天津人视作平民美食购物的天堂,堪比北京的王府井。在1930年前后,黄家花园已发展到与劝业场、小白楼齐名,并称租界三大商业中心。如今西安道两边各式名店商铺林立,任沧桑流变,做精品、名品的传统不变。这里还氤氲着厚重的历史文化:诚基大厦前身有条叫"福顺里"的胡同,以天津为背景的抗日战争谍战电视剧《借枪》,剧中多次提到的神秘的姚克广同志,当时还只有19岁,在那腥风血雨的日子里,他和他一个人的中共天津市委就隐藏在这里。这里还有建于1925年、曾经是中国游泳传奇摇篮的天津第二游泳池,还有原是清末候补道台黄荫芬私家花园的复兴公园……

这里凝结着几代人的共同记忆。我也常会陪朋友在五大道小洋楼的咖啡馆里喝杯咖啡,或者去黄家花园的外贸服装店里淘物美价廉的大牌服装尾单,买小宝栗子、认一民酱牛肉。逛街累了,就坐在睦南公园或者复兴公园的长椅上,吃着从四品香买来的小吃,远远看着表演中国式摔跤、听人们快乐合唱……忙碌的时光,在这里,就有了悠闲和深邃的意味。

如果说,和平区是天津这座城的城市之"芯",用老百姓的话说,那五大道街就是魅力和平这条鱼最鲜美的"中段"。它是城中之城、市中之市,它是历史的传送门,会带你回到那个繁华热闹的天津卫;它又是打开天津这幅新时代城市画卷的最美方式。

往来古今　街区变迁

伴随该街区的变迁,五大道街道办事处名称也发生多次改变。

1958年8月,体育馆街道由原汉阳道、黄家花园2个街道部分辖区合并而成。1958年9月,和平区体育馆街道办事处建立。1960年,人民公社成立,体育馆街道办事处改称体育馆人民公社。1968年1月,经和平区革委会批准,成立体育馆街革委会。1970年11月,体育馆街党委成立。1979年7月,街革委会改称体育馆街道办事处。

20世纪80年代,天津市对部分马路两侧的房屋进行整修粉刷,马场道、西康路、贵州路、成都道、南京路5条道路相接合围区域内的小洋楼也在整修之列,这一区域自此被称为"五大道"。

因为民园、体育馆管理的范围相近,合并后有利于区域管理,1998年10月,根据中共天津市和平区委津和党〔1998〕65号文件《关于调整和平区街道区划的实施方案的通知》,体育馆街道办事处与民园街道办事处合并,组成了新的体育馆街道办事处。

调整后的体育馆地区北至南京路与小白楼街接壤,西北至营口道与南营门街相邻,西至贵州路,西南至西康路与新兴街相邻,东南至马场道与河西区交界,辖区总面积1.738平方千米,体育馆街道办事处下设26个居民委员会,有居民2.47余万户,居民8.2余万人。区划调整后根据中共和平区委津和党〔1998〕201号文件精神建立了中共和平区体育馆街党委。彼时,体育馆街管地面积1.738平方千米,五大道占三分之二。

随着街道办事处名称和辖区的变化,整个五大道街也迎来了飞速发展。王贵民曾在和平区五大道街三盛里、育文坊等社区当了20年社区书记、居委会主任,经历了城市改造、中国社区自治的重大变化,如今已退休还发挥余热的她,仍时常到五大道转转,"这里变化太大了。从拆违建,到

图18-1 育文坊社区开展公益文创活动

179

解决小洋楼集中供热，再到小区治理，无论是当初热闹的足球场，还是现在更热闹的市民公园，我是眼见着这块地方越变越好啦！"

2000年，居委会改组社区居委会，名字变化的背后，是城市管理理念的变化。根据规定，要专业化、年轻化，要求街道办事处一位科长带一位干部下到社区居委会当主任，彻底改变了以往居委会主任都是"小脚大妈"的形象；又吸收了失业的、在单位干过工会"4050"人员中有一定文化素质年轻的人。作为街道干部，王贵民就是在这样的背景下到社区居委会工作。"小机构，大服务"，她接过老居委会主任的班，满腔热忱，"对居民家里几口人、炕怎么摆都一清二楚"，20多年，她在社区工作从五大道北干到南，亲历了辖区社区居委会个数的几次变化。

现已退休的王秀荣，也是2000年到尚友里做社区书记的。

她说："我印象最深的是2004年，天津市首批旧楼改造改善居民居住环境，我所在的尚友里社区被列为首批。和平区领导下到社区讲党课，说市政府要为老百姓做实事做好事，粉刷外墙、增加小区绿化、铺道，让老居民区也能享受到商品房的环境。这个消息让居民们都很激动。我记得此后召开数次居民会议，走访、听证，倾听居民意见，依靠居民解决问题。那时我们社区居委会人员经常忙到晚上十一二点。"经过一年多的努力，尚友里社区改造完成，实行封闭式管理，解决了以往乱摆乱卖的现象，各楼栋都装有防盗门，有了绿地，还安装了雕塑、座椅。后来街道又倡导10分钟服务圈，又出现了为老服务中心。居民们非常受益，参加社区自治的热情也更高了。

当时体育馆街道辖区内有社区志愿者队伍14支9100余人；规模较大的社区团队组织165个，他们以各种形式参与社区活动。王秀荣说:"尚友里社区也成立了以党员为骨干的巡逻队,老年居民纷纷参加。这个社区知识分子和离退休干部多,我们就把他们请出来,成立社区顾问团,让他们参与社区管理,还聘请他们任社区学校老师,开设了外语等7门课。又把有一技之长的居民请出来,比如有的居民会手足按摩,开课后连其他社区居民也来听。大家坐下来是学员,站起来就是教员。原来社区居委会是在居民楼里两个房间办公,后来社区居委会办公地点扩建,社区学校有了教室,当时社区成立的合唱团、朗诵团、柔力球队很有名;还成立了聊天组,让党员穿插在各个聊天组里,化解了很多矛盾,促进了和谐;后来又开展特色楼门建设。

尚友里社区的经验,吸引了各省市前来参观交流。至今回忆起来,王秀荣还很激动和自豪,她说:"居民们都特别自豪,对街道和社区的工作别提多支持了!"

提起小洋楼集中供热,还跟当时在育文坊社区工作的王贵民在一次会上的呼吁有关。那时经过几年拆违和市容环境整修,取缔了洛阳道市场、昆明路市场,小洋楼整修了,道路幽静了,街区焕然一新。后来睦南公园也建起来了,街区的老百姓享受在这美好的环境里特别自豪,连周边区域的人也来公园唱歌,五大道也就有了名声。但也有美中不足:五大道一直没集中供暖——这里是供热末端,地下管线复杂,道路比较窄,又都是老房子,有的房子不具备供暖条件,家家户户冬天要点煤炉子。小洋楼房顶4米来高,大部分都是木结构,房间点炉子还不到9摄氏度。一些居民找王贵民提意见:"主任,你能不能让我们暖和暖和? 我睡觉都得戴口罩!"

"2010年4月,我去市里开座谈会,本来没安排我发言,后来市领导点名让我说说。他说,五大道讲究大气、亮丽,要形成天津名片,你别光说好,也提提不足,我们就想听问题。我想五大道集中供暖这事和平区自己解决不了,就想呼吁一下,我说,我们五大道建得特别好,但美中不足是家家户户点炉子,和这么好的环境不匹配,现在有的居民家炉子还在冒烟。市领导说,那我得去看看。"王贵民说,"市里对这事特别重视,没几天市供热办就找到我,看了我们社区的房型结构;5月份区里就给我叫过去,说五大道集中供暖的事批了! 咱们也得行动起来,区里当年房管站提出要给公产房做保温等一系列准备工作。供热是从育文坊这里开始试点,争取三年完成五大道供热任务。"

集中供热得具备调压站。"五大道那里寸土寸金,但我们五大道调压站没花一分钱,就建起7个调压站。我们的工作方法是,居民的事情交给居民议,哪个条件成熟哪个先安暖气。"王贵民回忆说,"安暖气这事,并不是每户居民都欢迎,有的别处有好房子住,这里房子是出租的就不愿意安,我们就得苦口婆心一户户做工作去达成共识。那时我们真是没日没夜地干。在五大道社区工作,这里都是老房子,设施特别旧,就要多操心,帮老百姓去解决实际问题。现在回想起来,还感到很光荣。"

逢盛世生　城市名片

体育馆街为何更名为五大道街呢?

"是顺应民意。这事是当时体育馆街道率先提出来的,历经两年多才批下来。"王贵民回忆说,"当时因为天津有个体育中心街,经常有人把两个街道叫乱。体育馆街道的居民就希望改名字。因为改造后的五大道让这里的居民们特别自豪,于是就有人提出:吃鱼要吃中段,我们就叫'五大道街道',一下子得到了大家的认可。"

2014年2月27日,天津市和平区人民政府下发了《和平区人民政府转发〈天津市民政局关于和平区"体育馆街道办事处"更名为"五大道街道办事处"批复〉的通知》,同意体育馆街道办事处更名为五大道街道办事处。原体育馆街道办事处管辖范围为更名后的五大道街道办事处管辖范围。

五大道街道现在涉及13个社区,面积1.78平方千米,拥有20世纪二三十年代建成的英、意、法、德、西班牙等不同风格的小洋楼2000多座,素有"万国建筑博览会"之称。以天津小洋楼为特点的五大道横贯全街;有市一中、第二十中、岳阳道小学(逸阳小学)、昆明路小学(昆鹏小学)、实验小学等重点学校、幼儿园12所;市级医院有天和医院、胸科医院、第一工人疗养院、区属医院有和平区中医医院;除市人民体育馆、民园体育场外,还有文化、体育活动小区8个。

2019年7月,五大道街道办事处内设党政工作机构调整为"八

图18-2 五大道街道办事处

办三中心"。分别为：党政办公室、党建办公室、宣传文化办公室、网络安全和信息化委员会办公室、公共服务办公室、公共管理办公室、公共安全办公室、群众工作办公室、党群服务中心、综合治理中心、退役军人服务站。2022年10月2日，五大道街道办事处内设党政工作机构调整为"七办三中心"，取消群众工作办公室。

截至目前，五大道街辖区内规模以上各行业16家，常住户数1.6万余户，39万余人，户籍户数24万余户，8.2万余人，共有13个社区居委会，70个网格，171名网格员。设街党工委、街机关党委、两新组织党委、13个社区党委，114个党支部，2665名党员。

五大道街的设立，彰显了地域特色，整合了文旅资源，也吸引了更多人爱上五大道、研究五大道。五大道总长度17千米，有2185栋风格不同的小洋楼，300多位名人在此居住过，每一栋小洋楼里都发生过很多故事……被誉为五大道"活字典"的金彭育、挖掘讲解红色洋楼文化的张振东，他们的研究和传播，让五大道被更多人知晓。

近年来，和平区围绕五大道"洋楼文化消费名片"定位，着力发展文化旅游、时尚餐饮、动漫创意等产业，不断提升已有民园广场酒吧市集，打造多元消费场景，提升游客体验度。如今五大道的人文气息更加浓郁。拿着手绘的五大道咖啡地图，解锁一个个网红打卡地，喝上一杯卡布奇诺，生活真是格外悠闲美好。

从小就生活在五大道附近的王贵民，深切感受到五大道的"三变"："一是环境变了，通过拆违整改，环境高雅了、幽静了。二是一些人开始买小洋楼居住权。三是这里的业态发生了变化，如今"苍蝇馆"少了，高雅的地方多了，这里是全市咖啡店最聚集的区域；还有不少俄式、法式、日式餐厅，和五大道的环境和气质特别匹配。"

未来可期　美好安宁

作为中心城区的"芯"，五大道街道未来有哪些发展思路？

五大道街道表示，他们将持续开展各类招商活动，拓宽招商渠道，大力营造务实高效"亲商、富商、安商"投资环境，持续推动"无讼商圈"建设，让优质企业引得来、留得住、发展得好。

还将以"一街一品，一居一特"品牌创建工作为抓手，激发社区治理活力。以各类志愿服务为抓手，以五大道独有的红色资源、文化内涵为依托，提升城市文明程度和市民文明素养。实施"大环境"提升整治行动，优化15分钟"便民生活圈"，用心用情服务保障民生，为居民提供精准化精细化服务；做实"一老一小"民生幸福工程，兜牢民生底线。

五大道持续挖潜，生机勃发，正在努力蝶变为既有人文底蕴又有青春活力的魅力街区，吸引更多的年轻人来到。

春日暖阳下，漫步在五大道街区，闲读小洋楼里曾经的风云变幻，坐看黄家花园的安详和内敛。这里一砖一瓦间都藏着一段段耐读的时光，街心公园里一株株海棠花开正好……

（邵衡宁，天津市职工宣传教育文化中心《天津工人报》编辑部部长、副总编辑）

五大道及名称溯源

● 金彭育

今天的五大道已经成为人人皆知的旅游目的地,但其实,五大道并非一个地名,而是一个流传甚广的俗称。它坐落在天津市和平区,是由成都道、马场道、西康路、南京路围成的长方形区域,在历经一百多年的风云变幻后,依旧坚挺地伫立在人们的视线中,未随历史的推移而湮灭静默。

我生于此,也长于此,现已年过古稀,一直未曾远离五大道。1945年,我在常德道出生,1951年开始在马场道居住,虽然后来曾搬家到长沙路求志里、瑞玮山庄,现在住在成都道,始终未曾离开过这里。1966年我从新华职工大学汉语言文学专业毕业后,先后在五大道修房子、管房子、换房子,到后来,又开始写房子、讲房子,五大道早已融入我的生命,成为我人生的一部分。

从洼地到洋楼

五大道的历史虽饱含屈辱,却也是英勇抗争的历史。1860年,中英在北京签订了《北京条约》,天津被辟为通商口岸。开埠后的天津受西方影响,逐渐偏离了中国传统城市的发展模式。从鸦片战争到五四运动,中国近代史上许多重大事件,无不是自天津策划、在北京发生的。被迫开埠的屈辱历史并没有让天津沉沦,开放包容的天津反而选择了拥抱世界,世界也因此走进了天津。

五大道原不过是天津城南的一片荒芜的洼地,20世纪后,由于朝政更迭、社会动荡,这里成为英租界的一个居住区。1919年至1926年,工部局利用疏浚海河的淤泥填垫洼地、修建道路,先后在这一地区建成了马场道、睦南道、大理道、常德道、重庆道、成都道,初步圈定了如今五大道的范围。由于背靠政治与经济要地,五大道从建成之日起,一直是政界要人的居住地。

现今留存的五大道上小洋楼多建成于20世纪20年代至30年代。1937年七七事变后,日本占领天津,与租界共存,互不侵扰,直到太平洋战争爆发后,美、英对日宣战,日军才大肆进驻英租界,这一时期的五大道被叫作"极管区"。1942年,其称呼改为"特别行政区",但1943年又改称"兴亚二区",名称数换。抗日战争胜利后,国民党政权一举收回英租界,五大道成为"十区"一部分。

到1949年,天津解放,五大道随着历史车轮的碾动,又成为天津市五区一部分。1955年,五区改为新华区。1958年10月,天津市再次调整区划,新华区与和平区合并,统称和平区。五大道地区属"体育馆街道办事处"和"民园街道办事处",其名称来源于距两个街道办事处不远的"天津市人民体育馆"和"民园体育场"。1960年,人民公社成立,体育馆街道办事处与公社合并,改称体育馆人民公社,民园街道办事处则改称民园人民公社。1962年,街道办事处与公社分开办公,1964年又再度合并,实行一套人马、两块牌子的政策。1968年,新成立了体育馆街革委会和民园街革委会。1970年,又成立体育馆街党委和民园街党委。1979年,两处分别改称体育馆街办事处和民园街道办事处。2000年,由于区街调整,体育馆和民园两街合并,五大道成为体育馆街道的一部分。最为难得的是,行政区划调整并没有对五大道街坊和建筑的整体和布局产生太大的影响。

风帘翠幕、英伦格调

2000年后,我开始在市房管局的天津市保护风貌建筑办公室工作,主要是对各区县进行房屋普查。其中一个重要任务就是将五大道的房屋资料、人文资料、历史资料、图纸资料、照片资料、录像资料等整理成电子资料,在专家会上进行审核,依凭这些资料评出特殊保护、重点保护和一般保护三个等级的建筑。工作量很大,但我们都乐在其中。也是通过这项工作,我对五大道上的全部风貌建筑有了深入了解。

翻看五大道规划资料时,总是很容易被五大道规划的精巧所打动,街道的宽度,院落的朝向都十分人性化。五大道纵横23条马路,约17千米长,有房屋2185幢,共计121万平方米,其中楼房1045幢,约占114万平方米。其中的公寓式建筑40所,最具代表性的均由外国设计师进行设计,比如香港大楼、民国大楼、剑桥大楼是由奥地利工程师盖苓设计;安乐村、疙瘩楼是由意大利工程师保罗·鲍乃弟设计的;桂林里是由比利时工程师沃尔盖设计的。

在这些建筑中,我们评选出408幢、34.99万平方米的历史风貌建筑,其中特殊保护等级历史风貌建筑8幢、重点保护等级历史风貌建筑55幢、一般保护等级历史风貌建筑327幢。

五大道地区建筑均各有特色,拥有20世纪二三十年代建成的具有不同国家建筑风格的花园式房屋2000多所,建筑面积达到100多万平方米。其中最具典型300余幢风貌建筑中,英式建筑89所、意式建筑41所、法式建筑6所、德式建筑4所、西班牙建筑3所,此外还有众多的文艺复兴式建筑、古典主义建筑、折中主义建筑、巴洛克式建筑、中西合璧式建筑、庭院式建筑等,建筑之美各有千秋。

20世纪20年代,正值英国"花园城市"规划理论盛行之时,英租界新区(即现在的五大道地区)基本按照该理论进行规划与建设,从而形成了具备完整的公共配套设施、宜人的空间尺度和舒适的居住环境的高级居住区。我小时候在五大道行走,发现五大道与别的地区不同,为保证该居住区的环境质量,这里不设商业中心,并禁止电车等公共交通车辆进入,因而该区域的道路规模较小,尺度宜人。它还有各租界建设的完善公共配套和室内设施,地面、路灯、绿化、上下水等设施的建设都很完备,我很小的时候,就体验过水冲式厕所,这些设计改善了居住环境,也提高了当时的卫生水平。博采众长的五大道开发引进西方房地产开发模式,营造了现代生活方式与城市发展的广阔空间。以起居、餐厅、舞厅为中心的家庭生活方式,以公园、市政厅为中心的社会生活方式,以电车、汽车代步的现代交通方式,这些开放的生活方式与当时封闭的中国传统方式相互碰撞,为20世纪的天津带来了迥然不同的城市空间。

街衢巷陌、静谧优雅

五大道的干线道路共有六条,为马场道、睦南道、大理道、常德道、重庆道和成都道。为了好记,也不知是谁总结出两句话、10个字的顺口溜:马睦大常重,外加一个成。合辙押韵,朗朗上口。

马场道全长3216米,最早称马厂道,编号为7号路,民国后改为海宁路。路中间原有花坛,栽种小松树,20世纪50年代末拆除。

睦南道全长1968米,最早称香港道(又称南纬二十六路),编号为31号路,后改镇南道,现名睦南道。

大理道全长1745米,原名新加坡道,编号为33号路。

常德道全长1219米,原名科伦坡道,编号为35号路。

重庆道全长1432米,以威灵顿路(现河北路)为界,西部称爱丁堡道,编号为37号路,东部叫剑桥道,编号为39号路。

成都道全长2206米,原名伦敦道,编号为45号路。

这些路中间原设花坛、绿篱,种凌霄花,配欧式路灯,但以上在1961年俱皆拆除。从政治上来说,五大道上的小洋楼是一种耻辱,是帝国主义侵略中国的产物,也是清政府丧权辱国的见证。但是对我而言,这里是我生活的故土,对历史而言,这里是文化、建筑、艺术、人文、旅游的宝库,是中国的财富,也是世界的财富。

五大道曾是个简称

五大道之名很容易让人产生误解,因五大道主要干线马路,无论是纵向、横向,均不是五条。那么为什么称为五大道呢?曾任和平区房管局副局长、和平区委常委、副区长的老同志庞其中,由于工作关系,经历了五大道名称形成的全过程,对五大道名称有相对权威的解读。机缘巧合之下,我曾经就此问题,对庞其中区长进行过专访,并得到肯定的答案:

"五大道"名称的由来,还须从李瑞环同志在天津任市长时说起。20世纪80年代,为了改变天津的市容市貌,李瑞环同志提出了对部分马路两侧的房屋进行整修粉刷,并为此成立了市房屋整修办公室,由市房管局总工程师章世清同志负责此项工作并任总指挥。章世清(1919—2005),1943年毕业于天津工商学院建筑系(现址为天津外国语大学),市房管局副局级总工程师。在一次房屋整修工作会上,章总说,瑞环同志提出天津的小洋楼很有特色,有世界房屋建筑博览馆之称,在国外也很有名气。因此,我们要把民园街、体育馆街一带的小洋楼纳入整修范围。章总接着说:"两个街道的房屋都整修,工程量太大,我们得有个范围。我先提个意见,你们看行不行。"当时他提出的四至范围是:成都道—南京路—马场道—西康路—贵州路—再到成都道。这五条道路合围区域内的房屋作为整修的重点,也就是五道合围,才称为"五大道"。当时大家没提什么反对意见,一致同意了这个整修范围。

小洋楼整修工程开始后不久,又印发了《五大道整修简报》,大家在研究和汇报工作时,开始用五大道的简称来代指整修区域。如五大道的整修方案如何如何,五大道的整修进度如何如何等。时间长了,五大道就叫响了,成了当时民园街、体育馆街两个街道的代名词。

年岁渐长,我还渐爱看五大道上的草木,我能阖目记起,重庆道栽种的是栾树,常德道栽种的是大叶女贞,大理道栽种的是海棠,睦南道栽种的是国槐,马场道栽种的是银杏树。正可谓:春赏海棠夏看国槐,秋有银杏冬观雪景。游览五大道,看看天津的小洋楼,实际上是漫步在建筑艺术长廊上的一次新奇旅行。五大道幽雅、别致、安静的风貌,仿佛带领着我们远离了喧闹的浮华世界,走进安静的万国建筑博览会。

(金彭育,天津市保护风貌建筑办公室研究室原主任,已退休)

民园百年

◉ 金彭育

2014年春,民园体育场历经数次改造工程,终于再度出现在天津人民的视野中,"五一"小长假期间,新民园在以崭新的姿态迎接八方来客,五大道国际文化艺术节也在此闪亮登场,为这座悠久的体育场带来新的活力与生机。

这座民园体育场曾承载过天津足球的兴衰,也给人带来了无限的回忆,熟悉天津足球的球迷或许还能记得此地赛事隆重、座无虚席的盛况。只是随着时光流逝,这座年迈的体育场已经不能再满足各项活动的需要,2012年,天津市政府做出了一个决定——改造已经86岁高龄的民园体育场,使它重新焕发青春。从此,这间民园广场化身"中西合璧的城市客厅",成为集"中外游客集散中心、特色文化博览中心、休闲体育体验中心和异国风味美食中心"为一体的、中西文化交融的、独具特色的城市休闲广场,一跃成为天津文化旅游的新名片。

姨母讲述的民园

知道"民园"这个地名,还是在很小的时候,听姨母给我讲述过民园往事。20世纪30年代,姨母出生,她随姥姥住进科伦坡道(现

图19-1　民园看河北路

常德道)民园西里,离民园近在咫尺。那时民园虽有门,但长年开着,球场和跑道外有树荫与草丛环绕,在春、夏、秋三季,便成了孩子们跑跳和捉迷藏的乐园。但自从七七事变后,日军把民园当成练兵场,还假惺惺地给中国孩子糖块,昔日的乐园变成了令人厌恶的场所,孩子们便再也不进民园了,民园也少了许多欢笑。20世纪二三十年代是民园承办赛事频繁的20年,其间,在民园举办过万国运动会、足球赛、篮球赛、华捕运动会、西捕运动会、童子运动会、万国越野赛等精彩赛事。新中国成立前,我大概只有四五岁,多次经过民园,见过从民园里进进出出的运动员。

民园的历史说来也有百年,1903年,天津英租界从原墙子河扩张到马场道一带。这片土地原本是城南一片低洼的沼泽地,后来在疏通海河时吹泥垫地,将此处填平,演变为现在的五大道街区。

1918年,英工部局在这片区域开发房地产,留下一块空地备用,这便是民园的前身。1920年,一座占地41200平方米的体育场在五大道建成落地,始称"民园"。民园的历史还与一位运动员息息相关,1924年,巴黎奥运会男子400米冠军李爱锐回津。1926年,以他带来的伦敦斯坦福桥球场的设计图纸作为参考,这座体育场在李爱锐的指导下进行了空前的改造,内含有符合国际标准的两座足球场与一座田径场。

1925年,已经获得奥运会金牌的李爱锐回津,由于忙于教学和修建民园体育场,1928年的第九届奥运会,李爱锐放弃参赛,400米的奖牌也因此被一位德国选手奥拓·费尔沙摘揽。得知这个消息,英国媒体大肆渲染金牌之所以旁落,是本国优秀选手李爱锐未能参加比赛所致。1929年11月,天津《大公报》登出重要新闻:德国选手费尔沙为证明自己金牌的含金量,决定到天津参赛,要求和李爱锐进行一场"真正的比赛"。这天下午,民园体育场阳光温煦。在400米跑比赛中,李爱锐战胜了费尔沙,勇夺冠军。但费尔沙也在800米比赛中显示了实力,赢得桂冠。这场体现了竞技精神的民园体育场"飞人大战"也因此永载史册,从此,民园走进了世界,世界也走进了民园。

自从现代体育进入天津,就如同种子进入沃土,很快生根发芽,硕果累累。1929年,天津已是全国公认的体育强市。来自各国的体育高手,也纷纷到天津参赛,如同说书唱戏一样,不到天津的"码头"亮相,就成不了公认的名角,民园的故事也在体育界经久不衰地传唱。

作为新中国体育摇篮的民园

新中国体育事业在一片百废待兴之中艰难孕育成长，当时，体育运动场所和硬件设施还严重滞后，全国甚至没有一个能够供运动员训练使用的完整场馆，专业教练和优秀运动员更为匮缺，这成了新中国发展竞技体育的瓶颈。1951年，国家通过全国性的重大赛事，选拔出第一代国家选手，为国家培养了一批优秀体育人才。当时，国家决定成立一个"中央体训班"（国家队前身），但在成立之初困难重重，无论生活与训练条件都十分简陋。

为解决这些困难，1953年11月，国家体委特意买下天津市和平区民园体育场周边的重庆道100号（现64号）、桂林路26号（现24号）及重庆道幸福里17号（现兴富里17号）的大宅院，以作为中华全国体育总会中央体训班的集训基地和办公场所。当时，有第一批足球、篮球、排球、体操、游泳、田径、乒乓、羽毛球8个运动项目的130多位国家教练和选手落户天津，这些人为我国体育事业奠定了迅猛发展的基础，中央体训班也成了培育世界冠军的摇篮，所有在首次全国大赛中选拔出的国家选手，都在这里集中训练。除此之外，成

图19-2　1965年，在民园举办
运动会

图19-3　20世纪的民园

都道118号,现天津市体育运动委员会的院落也是当时的训练场地(1955年之前,天津市人民体育馆还没有兴建,尚还作为东亚毛纺织厂"抵羊牌"毛线的库房,后来此地搬空,体育馆才成为训练场地)。第三处训练场地则建在贵州路与昆明路交口处,现为奥林匹克大厦。可以说,民园体育场和这三处大宅院,还有这些训练场地,成为共同孕育了新中国体育运动发展的摇篮。20世纪50年代初,我国第一批重点运动项目的国家优秀选手、体坛功勋元老,都曾在天津民园体育场和重庆道100号度过青少年时期的宝贵时光,这些怀揣着体育梦想的青年,日后大多成为中国体育各个项目的奠基人,在新中国体育史上留下了步履蹒跚的第一步。

见证天津足球辉煌的民园

读书时,我离民园住得很近,除冬季外,每日清早都不忘和小伙伴们去民园玩耍,民园大门是敞开的,园内有跑道、沙坑、体育器械架、双杠、单杠等,可以锻炼身体,还可踢球,我对足球运动的喜爱便发源于此。那些跟着球迷父亲到民园看足球比赛的时光,也成了我青少年时代最珍贵的回忆。

天津足球的发展史,说起来更像一部海河儿女一百多年的奋斗史。如今虽已渐衰,但昔日津门的足球运动十分昌荣,在国内也占有重要地位,甚至与港、粤、沪并列为中国足坛四强。

在1952年,国脚们来到天津,民园体育场也成了中国足球队的训练场。1956年,中国足球队白队成立,其目的在于与同时成立的国家足球红队携手备战当年在墨尔本举行的第16届奥运会。这两支球队都以当年匈牙利留学归国球员为主要班底,随后在由红队、白队、上海、八一等队参加的奥运选拔赛上,白队最终以1比2不敌红队,失去了参加奥运会的资格。1957年,白队14名球员落户津门。这标志着天津足球队正式创建,而民园体育场也由此翻开了新的一页。

1957年,国家白队的14名队员,在北京先农坛体育场与年维泗、张俊秀、张宏根老大哥们洒泪而别,乘火车来到天津,受到天津人民的热烈欢迎。这些队员,多数是在1953年首届全国青年锦标赛中选拔出的优秀选手。他们是:八一的曾雪麟,天津的王金丰,北京的李元魁、刘荫培,广东的任文根、苏永舜、邓雪昌,延边的金昌吉、崔泰焕,上海的陈山虎、袁道伦、张水浩,大连的孙元云,重庆的严德俊,教练则是李凤楼和邵先凯等人。这些队员来自全国各地,讲话南腔北调,吃饭口味各异,但因为怀揣着夺冠理想,迅速建立了深厚的友谊。从此,这些小伙子们把青春融进了天津足球这片沃土,以队为家,团结拼搏,使天津足球队在国际、国内重大赛事中取得较为优异的成绩。后来由于赛事频繁,连续征战,兵力不足,还从天津青年队抽调了李恒益、李学浚、胡凤山、陈少铭四名新秀充实队伍,这些人共同创造了天津足球史上的辉煌传奇。

其后,这支以国家队队员为主要班底的天津足球队,以其全面的技术、泼辣的攻势打法、硬朗的作风闻名全国,并在全运会、全国甲级联赛和全国足球锦标赛上接连获五次冠军、五次亚军、五次季军,成为中国足坛一支名副其实的"王者之师",这一代人也成就了天津足球雄厚的基础。自从1954年,民园体育场进行了大规模改建,足球场地也由原来的沙土地改铺了草坪,四角搭建起了24米高的木质灯架,变为我国第一个灯光草坪球场,昔日的朴素之貌大改,但老一辈的天津人信步其间,或许还能记起民园体育自艰苦中磨砺的辉煌。

不说再见的民园

我至今仍常说，我与民园颇有因缘。因为读书于附近，工作于附近，我一路见证着民园的变化，民园也见证着我的成长。我是2005年退休的，在2012年之前，民园与我在生活中依旧息息相关。大理道57号花园酒店刘壮经理是我好友，他成立的"57号花园酒店足球队"小有名气，有时会到民园练球和比赛。知道我爱踢球，爱看球，刘壮经理还接收我进球队，发给我崭新的红队服。但我因年纪大，主要任务还是看球。球队的教练是曾任中国女足教练的蔺新江，每次比赛，我都会提前到场，静候开赛的哨音。那时，虽看的是"野球"，不是正式比赛，但我看着"57号花园酒店足球队"和兄弟队的友谊赛，还是津津乐道，兴致勃勃。

图19-4　改建后的新民园

退休后我作为志愿者,根据工作安排,在天津市保护风貌建筑办公室又工作了8年,主要从事天津市和五大道风貌建筑保护的研究工作,也包括民园的保护和利用。2013年,我在民园上班,并在五大道旅游公司从事策划、写作、培训、接待、讲课等工作,与民园朝夕相伴。现在,我还继续担任着五大道地区共建共享理事会和五大道历史博物馆的顾问,依旧履行着志愿者的义务,对我而言,民园不仅是一座体育场,更承载着我年少时的欢愉,也寄托着我苍老时的归情,我与民园永不提再见。

(金彭育,天津市保护风貌建筑办公室研究室原主任,已退休)

民园市集

● 魏天权

民园，一个对天津人意义非凡的名字，一段属于天津的城市记忆，这里曾经充满体育的热忱，如今也荡漾着人们的欢声笑语，周末或者假期来这里走一走……

在这里，你可以感受到独特的历史韵味和现代气息；在这里，你可以看到高雅经典的演出，享受各种美食；在这里，你可以和小伙伴拍拍照，民国风、复古风、萝莉风，什么风都合适！

白天，这里人头攒动，异国风情。

夜晚，这里乐章华美，自得其乐。

一座城市公园

踏进天津民园广场，浓浓的欧洲风情立刻扑面而来，瞬间被它的规模所震撼！这里的前身为民园体育场，位于天津市和平区重庆道83号，也是五大道的中心，这里的每一栋建筑都充满了故事，见证了天津近代史上的荣辱沉浮。

天津民园广场始建于1860年，当时英国率先在天津设立租界，随后美国、法国等多个国家也纷纷效仿。最多的时候，这里共有9个国家的租界地。这使天津成为一座名副其实的"万国建筑博览

图20-1　欧式风情浓郁的民园广场

会"。在这里,你可以看到各种不同风格的建筑,如英式的红砖楼、法式的洋房、德式的教堂等。地上东西两侧两层,弧形的拱顶,长长的柱廊,西侧外面是各种风格的餐厅,东侧外面有许多小吃摊位,比较亲民实惠。南北两侧三层,在北侧一楼,有游客服务中心,如果对天津不太熟悉的朋友可以去咨询,或者参加他们组织的游览。来到二楼,可以参观和平区非物质文化遗产展览馆,分"津味""百戏""医道""工巧"四部分展示。地下设有民园市集,十字街构造的地下商场跟地面上风格一致。这些建筑不仅展示了各国建筑艺术的精华,还见证了天津近代史的风云变幻。

　　如今的天津民园广场已经不再是一个单纯的体育场所,而是成为一处集休闲、旅游、文化交流于一体的城市公园。每逢周末或节假日,这里都会举办各类活动,吸引着成千上万的游客前来参观游览。此外,这里还有许多特色小店和餐厅,让你在品味美食的同时,也能感受这座城市的独特魅力。

来自山东的马先生表示:"我们一家都很热爱拍照,早就想来五大道转转,拍拍小洋楼。"

商圈、景点、餐饮等各类场景"氛围"拉满,最吸引人的是咖啡,在历史风貌建筑的格调氛围里品味咖啡特调,在现代都市风情楼宇的空间框景中体味咖啡文化,中西合璧、古今融合,相信喜爱咖啡文化的你一定能在此找到属于自己中意的"咖位"。

棉里、禧柿+人艺、Inaction、gaga+梅花、山魈、WITHYOU等实力咖啡品牌集体登陆城市中心的草坪。融合咖啡、烘焙、轻食、艺术展示等多元业态,结合帐篷、天幕、充气沙发等多样展设,给你营造休闲惬意的"微度假"场景。

各类咖啡品牌各具特色、花式开展,每一个咖啡品类,都打造自身独特的多元咖啡体验场景。棉里以现场涂鸦、风筝手绘、艺术画

图20-2　民园广场成为人们休闲娱乐好去处

廊等为主题单元展现咖啡的艺术氛围;gaga+梅花将色彩明快的大发汽车设为背景;禧柿+人艺引入沉浸式话剧,让戏剧与咖啡相互交织;WITHYOU独出心裁开辟自由咖啡音乐躺营区;超级自大公司借助沙画艺术带你探寻双重奇幻体验⋯⋯多个主题单元的奇遇盛宴、不同角度方式的融合,以及专属民园的特调咖啡,把中心草坪合聚成咖啡的艺术园区,让游客在时空交错、虚实结合间探寻"草坪咖啡"的活动魅力与生机活力。

民园广场草坪中心设置了360度星空演艺舞台区,环绕式的光影覆盖和立体感的场景,为观众构建出视觉、听觉、触觉的极致体验。傍晚,民谣、诗歌、独奏等文艺演出联袂上演,动人的旋律、优美的音色、新颖的乐器打造或清新,或治愈,或浪漫的专属回忆,感官之美与感情共鸣将承包你的一整个假期,给你一个无与伦比、非同寻常的"星空·咖啡全新体验"。

民园广场还开设氛围感时尚市集,错落有致的文创展品、排列有序的环廊摊位,集合文创、手办、鲜花、精酿、咖啡、美食、家居等特色摊主,集咖啡潮流"吃、喝、玩、乐、购"于一体,让咖啡文化以更沉浸的方式呈现。

老爷车"搬"到和平来了!全球范围内少有的复古车将汇聚于民园广场进行展陈。1927年引领潮流的福特T型车、1961年横空出世的宝马BMW-艾塞塔ISETTA300、1950年推出的凯迪拉克、1954年上市的雪佛兰贝尔艾尔,老爷车带你开启一场"拉风"的时光之旅。

"古董级"的老爷车与"欧范"的民园,将潮流、摩登和经典、传承结合起来,打造不同风格的新颖复古场景,届时各色香车琳琅满目,不仅可以拍照打卡,还能喝着咖啡做妆造,保准让你大饱眼福,念念不忘。

多元文化盛宴

中秋、国庆期间民园广场举办了一系列活动,为传统佳节、祖国华诞赋予新的时代内涵,以东方美学之名展示独特魅力。

天津见证了东西方文化的汇聚、碰撞与融合,孕育出了多元的文化表达。中华传统服饰旗袍作为东方与西方、传统与潮流、实用与美学融合的现实载体,可以充分表达其背后的文化内涵。本次活动以中华传统服饰旗袍为主题元素,在长假期间为广大市民游客献上一场展现中国传统文化魅力的假日主题盛宴。

T台主题大秀,以走秀的形式彰显东方女性的独特温婉典雅的气质;旗袍主题市集汇聚了各类旗袍风格的服饰,为时尚爱好者提供了丰富的选择;旗袍换装体验将让市民游客穿上旗袍,感受这一中国传统服饰的魅力,留下珍贵的回忆;旗袍旅拍活动则将为市民游客捕捉美丽的瞬间。

图20-3　360度星空演艺舞台区,带来民谣、诗歌独特音乐体验

市民游客还可以通过各种沙龙讲座、文化分享、手作体验等形式与文化学者、中华传统服饰专家以及非遗匠人共同深入探讨旗袍文化。让市民游客从各类创意主题活动中了解传统文化,以一场文化的体验之旅表达对文化的敬意,助力文化的传承。

为了让市民游客更好地体验建筑之美,民园广场、睦南公园、五大道地标钟等地标区域将设置为打卡点位,并以历史、文化、美学等特质进行不同主题的分类,让市民游客在游览的过程中,能够在名人旧居处感悟历史的沉淀,在万国建筑中感受文化的融合,在艺术造景里体验美学表达。

民园下沉广场舞台的时光音乐会通过多种风格的乐队表演,用音乐让民园广场下沉广场区域充满律动,流行、摇滚、民谣等多种音乐形式的展演,营造出了一场独具天津韵味、贴合国庆主题的音乐盛宴。参与演出的乐队、歌手在民谣与流行歌曲的演绎中也加入了本地特色,让市民游客可以近距离感受天津本土文化与流行音乐文化的巧妙结合,无论市民、游客有任何形式的音乐偏好,都能在这里体验到属于自己的音乐文化之旅。

随着夜晚的降临,位于民园广场下沉广场迎来了一波又一波的观众,气氛热烈,人声喧嚣。一场令人心驰神往的"时光音乐会"让人们沉浸在欢乐的海洋里,无论是年轻的帅哥美女还是年长的伯伯阿姨,大家都聚集在这里,共同享受美妙的音乐。

下沉广场四周打起了炽热灿烂的灯光,耀眼的舞台效果吸引着人们的目光。乐队的乐手们一个个穿着亮丽的服装,充满活力和激情,展现出自己独特的风格。他们用大提琴、贝斯、长笛、架子鼓等乐器,倾情弹奏,每一个音符都洋溢着无穷的魅力,渗透着深情厚谊,而舞台下方的人潮涌动,犹如一片欢呼的海洋。

舞台上演奏的乐曲多种多样，从温情脉脉的《传奇》到十分甜蜜《游园会》，歌手在歌曲高潮处的停顿和反复吟唱，每一个音符都能打动人心。音乐的力量是巨大的，观众跟随着节拍，或舞动起闪光棒，或打开手机上的手电随着韵律摆动着身躯，释放出内心的热情和欢乐。无论男女老少，都投入地沉浸在音乐的海洋中，忘却了周围的烦忧和压力，尽情享受这段美好的时光。

当乐手们尽情展示才华的瞬间，观众欢呼不已，热烈的掌声响彻整个场地。有些人随着节奏舞动，表达着他们内心的激动与快乐；有些人则深情地闭上眼睛，将自己完全融入音乐的海洋中，无论是站着的人还是坐着的人，大家都不停地鼓掌、呐喊，将自己对音乐的赞美和激动宣泄得淋漓尽致。

这个"十一"假期，民园的夜被热情点燃，在这里，你可以尽情放松身心，释放压力，感受音乐的力量。

赶巷子

有着11年历史的"赶巷子"市集，随着2023年民园西里的升级完成，目前已强势回归！

民园西里文创市集独有的"赶巷子"活动也在国庆期间正式"开张"，40多个文创商品摊位中既有传统天津特色与时尚创意的结合，也有独属于年轻人"脑洞大开"展现奇思妙想的产品。一位来自北京的游客刚挑了一套"天津话"的明信片，马上又被旁边摊位上的手工饰品吸引了过去："这里的商品既有地域特色又有设计感，以后可以在假期多来这里走走，感受独特的天津味道。"

民园西里始建于1939年，位于民园广场西侧的常德道上，由近代著名建筑设计师沈理源设计，分为17个门栋，各门栋自成院落又连成一体,建筑为二层砖木结构,局部三层。2009年5月,经过精心整理修复的民园西里,作为五大道上的文化艺术街区正式对外开放。从2012年开始,每年4月到10月每逢假期周末,这里就成了城市各个角落的手工匠人们展示他们精品手作的舞台,让这座别致的巷子充满活力、生机盎然。

民园西里"赶巷子"市集是这座城市文艺青年最初认识创意市集的地方,也是设计师们梦想实验和实现的宝藏巷子。此次,"赶巷子"市集聚集30余个文创和餐饮品牌:"神兽堂"、季候工作室、THANKS咖啡、独奏咖啡、筑艺咖啡、秀泽熟梨糕、京馔手工面包等一同汇聚在此,让广大市民游客度过一个美好的逛吃"赶巷子"周末。

"周末,我不是在逛市集,就是在去市集的路上。"家住和平区的程女士是位"'90后'市集达人",今年年初与朋友相约的一次偶然机会,让程女士喜欢上了逛市集。"在网购发达的当下,我在市集能发现一些不一样的东西,有一种不期而遇的惊喜。"2023年4月初,从民园广场举办的"海棠花节民园文创市集""津遇和平 星空·咖啡"市集,到先农大院举办的"海棠音乐季",还有以"文艺市集聚集地"著称的智慧山山丘广场举办的各种艺术市集……程女士如数家珍。

市集从创办以来始终倡导"设计师的集市"理念,这一市集也培养了很多大众熟知的设计师品牌,成为原创设计师试水市场的孵化场,如今的"赶巷子"已经成为都市青年特有的生活方式。

社会的变迁、市场的变化,让市集成了很多人的人生下一站。小伊是位全职妈妈,曾经作为高薪白领的她为两个孩子回归了家庭。然而每天不断重复的日常让她有点儿崩溃。"我的生活只能这样度过吗?"小伊考虑再三,开始学习花艺,鼓足勇气到市集摆摊。

"我第一次是在民园西里市集,主办方安排了巷子口的位置。当客人买走我包的第一束花时,心情特别激动。市集上生意忙起来也没时间多想了,渐渐忘了生活里的烦恼,我很享受这个过程。"找到了下一站的方向,在市集上积累了经验,小伊鼓足勇气租了一间小小的底商,开了一家花店,开始了事业的新路程。

有空的话,来民园体味近现代建筑之美,跑步健身、品尝美食、参观展览、逛逛市集,休闲惬意!愿你真心畅游于其中,了解文化的魅力!希望旅行能为你带来视觉与精神的双重满足!

（魏天权,人民政协报驻天津记者站兼《天津政协》杂志记者）

海棠邀我赴春光

◉ 魏天权

"昨夜雨疏风骤,浓睡不消残酒。试问卷帘人,却道海棠依旧。知否,知否?应是绿肥红瘦。"提起海棠,我们总能想到才女李清照的词。又是一年海棠花开,醉人的海棠早已登场,在微风吹拂下,位于天津市和平区的五大道次第开放的海棠花轻轻摇曳,更显浓浓春意,点杯咖啡,沏一壶好茶,三两好友闲坐,畅聊天地,清风徐来,赏和平春色,清新、烂漫,似在诗里,似在画里。作为一名新闻工作者的我在这个春天走进五大道感受不一样的风情。

繁花似海不负春光

漫步五大道景区,千树海棠如期竞相绽放,一路"花海"绵延数千米,街道两侧、楼前屋后、庭院里,一朵朵、一簇簇、一团团海棠花,开得明艳、热烈,恍若一片片缤纷的云锦,汇聚成流动的花海,点亮了明媚春光……平日里静谧安宁的五大道,迎来了赏花人。他们或步履匆匆,奔赴花海;或驻足细赏,沉醉花香;或流连忘返,不忍离去。这里成了春日网红打卡地,市民游客被盛开的海棠吸引,纷纷到此踏青赏花,躲藏在海棠花后面"咔"的一下,满满的春日气息。

海棠花自先秦就在我国栽种,历经唐宋达到鼎盛,被视为"百花

图21-1　盛开在五大道的海棠花

之尊"。每年3月中旬到4月上旬,赏花为宜。"弹破春风,都在花香鬓影中。"今年的春天来得刚好,一进四月,五大道就已木叶葱茏、花团锦簇。

花月正春风,五大道赏花,大理道风景最佳,这条修筑于1926年、全长1745米的道路两侧,海棠树随处可见,一树树白里透红的海棠花,给这片见证过近代中国百年历史风云的老街区,增添了青春活力。枝繁叶茂的海棠树,有的树龄数十年,铁干虬枝,亭亭如盖;有的新植三五年,舒展柔条,摇曳风里……百年历史看天津,天津的缩影在和平,和平的精华是五大道。

海棠花中的五大道也在"变"。昔日的五大道,被称为万国建筑博览会。2011年,五大道被天津市规划和自然资源局确定为五大道历史文化街区。2021年3月,挂牌为天津市首批"统一战线教育实践基地"。

"只恐夜深花睡去,故烧高烛照红妆。"待明月高悬,再次走进大理道,又看到另一番景致。褪去了白昼的喧嚣,游人也渐渐散去,静谧的街道上,氤氲着海棠花的清香。漫步夜幕中的五大道,总让人想到宋朝苏轼的《海棠》,春风缓缓吹来,海棠花上有着玉一样朦胧的光芒,远远看去,花雾迷离,海棠花垂垂的花枝之美,在夜晚的灯火下,更显得婆娑。这里的海棠花有些未开深红、半开浅红、全开粉白的层次美,这也许正是古人喜欢夜赏海棠的原因,姿态婆娑,千红万变,一步一景,带露开放。

一簇簇海棠花潮,涌动在月色通透的天幕里,万国洋楼也被海棠花染进了奇妙夜。这花团锦簇的春光,让历史与现实在繁花深处凝思,历经百年沧桑,勿忘苦难辉煌,不负伟大梦想。夜色里的海棠花,开在五大道的每处角落,融入春天最美的图画。

从3月31日到4月9日,和平区推出"春风十里,我在天津等你"之"津遇和平·海棠花"活动,每一天都将为游客开启浪漫之旅的十二时辰。

3月31日清晨,四五点钟的五大道,天色微亮,静谧而优雅。赶着孩子们还在酣睡,趁着上班的人还没出发,我步行在海棠盛开的大理道上,花团掩映中的小洋楼别具风韵。还带着露水的海棠花,像洗漱一新的少女在微风中摇曳,似在问安,"早啊,您!"似乎她也知道这里将有一场盛宴即将开启。

城市慢慢苏醒。环卫工人的扫道车徐徐开过,晨练的大爷们互相打着招呼,准备开门的咖啡厅老板们早早做好了营业准备,店里飘出阵阵面包和咖啡的香气,道路两旁"津遇和平·海棠花"的道旗广告,时时提醒过往行人,这里正是花开好时节。

"妈妈,你看花仙子!"

"看,这花车可真漂亮!"

上午10时,一辆长6.2米、宽2.4米、高3.5米的电驱动花车从民园北门出发,在五大道上缓缓前行,由鲜花装饰的花车盛装亮相,天津市儿童艺术剧团20多名专业演员扮演的海棠花花仙子,在花车前后随着音乐轻盈舞蹈,花车上的仙子不时与游人们招手互动。

走出五大道,步行至南京路,高楼林立的城市天际线在湛蓝的天空中勾勒出和平区的轮廓,川流不息的车水马龙描绘着这里的繁荣与繁华,海信广场、伊势丹、和平大悦城的超大屏幕循环播放着海棠花盛开在和平的美景,远远望去,一片海棠融入城市的高楼大厦。

乘铛铛车至金街中心"大铜钱"位置,百年劝业场、新潮的恒隆广场、各种潮牌店,让人一时间恍然不知身在何处。民国服装打扮的黄包车夫"祥子"热情地招呼道:"这位小姐,腿儿着多累,坐黄包车转转吧。"在"祥子"的引领下,书店里逛逛、点心铺里尝尝花香点心、潮流小店里买点新鲜玩意儿……时间在快乐中匆匆而过。"祥子"说:"大商场里也有'海棠花节'的促销活动,这时候买东西合适还乐和。"

灯火点亮百年民园

时至傍晚,来到民园广场。一楼环廊的小吃香气四溢,奶茶咖啡、比萨薯条唤醒人们的味蕾,广场草坪上坐满了休闲的人群,文创市集里的网红潮品、创意饰品成为年轻姑娘身上的新装饰……

华灯初上,长夜未央。天津的"城市会客厅"——民园广场沸腾了!"津遇和平·海棠花"活动在这里启幕。伴随着奇迹女子器乐组合表演的《热情》旋律,精彩节目轮番上演。天津交响乐团将现代时尚与大气磅礴融于一体,展现天津现代化大都市笑迎老友新朋的热情和奋进崛起的豪迈。歌曲串烧《天津,我可爱的家乡》《我是天津人》《海河在我心中流》,用一组赞美天津的优秀歌曲抒发海河儿女对家乡的热爱之情,表达共创未来的心声,激发观众的心灵共鸣。歌曲《海棠如期,等你相遇》是专门为海棠花节创作的歌曲,以此欢迎众多的海内外游客和市民朋友走进美丽的五大道,欣赏盛开的海棠花,分享节日的欢乐,共创美好未来。

民园广场里200余盏激光灯齐齐点亮,一场全市有史以来规模

图 21-2　灯影摇曳海棠香满五大道

最大、设备最多、时间最长的音乐灯光秀在这里激情上演。在高 10 米、长 30 米的巨幕上,激动人心的光影大秀拉开帷幕,音乐、光影、数字艺术点亮了天空,民园广场里的气氛随之瞬间燃爆。

灯光秀未息,激光投影再次将观众拉入梦幻仙境。海棠花仙子玉衡出现在空中,一袭花衣的她带领观众穿越古今、纵览民园、畅游和平,飞过无垠星河、飞过斑斓自然、飞过风情万种的和平区,这里海棠盛开,春意烂漫。观众置身其间,恍若在花海中"穿越时空",大家一边鼓掌,一边惊呼:"太美了!""太震撼了!"

歌舞表演精彩纷呈,台下市民和游客尽享视听盛宴。"置身于五大道的历史风貌建筑群,吹着和煦的春风,感受着来自全国、全世界的美食、特产、文创商品,让我倍感舒适、惬意,传统和时尚在这里碰撞出了不一样的火花。"市民叶女士这样感叹道。

在民园现场和场外还陈设了多处美陈打卡点与互动体验装置,比如跟随人的动作起舞的巨型翅膀、仿佛在空中飘浮的全息成像设

213

备、高达3米的巨型海棠花、高达4米的民园春扉、充满欧式风情的和平之门、写满喜悦的海棠日记、大理道上开满鲜花的一路海棠、睦南公园繁复饱满的春日来信……

我了解到，本届艺术节精心打造了"春日有约阅读赏花季""消夏纳凉文艺演出季""秋实累累融合发展季""冬藏见喜乡村欢乐季"四大主题，共50项有质量、有创意、有特色的群众文化活动，让市民群众成为文化艺术的主体、主角，让"文艺范"走入田间地头，让"烟火气"踏上舞台展厅。"春日有约阅读赏花季"以全民阅读系列活动和海棠花节、桃花节为主，在春日气息里邀约大家踏青赏景，播种知识，包括第七届"你好，天真"少儿创意美术系列活动等15项活动。"消夏纳凉文艺演出季"以群众参与广泛的广场舞、模特秀、社区活动等各种演出活动为主，体现"群众编、群众演、群众看"的热闹劲儿，让大家"乐在身边"。"秋实累累融合发展季"突出京津冀协同发展、文旅融合等特点，涵盖非遗活动，包括七里海文化旅游节等12项活动，吸引大家享受累累硕果。"冬藏见喜乡村欢乐季"主打乡村快乐事儿，以各种走进"田间地头"的演出等活动为主，充分挖掘、宣传天津特色乡村文化，展示新时代乡村振兴发展成果，展现新时代农民精神风貌，包括乡村村晚等9项活动。

十里春风吹醒一路海棠花，万盏灯火点亮不夜民园。夜幕降临夜色渐浓，星光璀璨，"夜海棠"照亮人们回家的路。

花海催热火旺人气

春日海棠，不仅扮靓了街区，也引来了火旺人气。阳台咖啡、沉浸式光影秀等活动，以花为媒让游客乐在其中。

五大道的海棠花开得正盛，花下等着拉活儿的三轮车夫们也忙

图21-3　海棠绽放时阡陌暖春来

得不亦乐乎。一位三轮车夫说,仅一上午就在"五大道—意风区"往返了4趟。

　　"我是从五大道坐三轮车过来的。在那边看完花,来这边赏赏景。"一位来自山东的游客表示,她们同行的有5位同学,计划在天津待一周。"我们来之前做了旅游攻略,五大道是必逛景区。过来之后,我们发现,这里不管是咖啡厅、餐吧、展览馆还是剧院,都有着一种文化'回响'。"她说。

　　"听说天津有个海棠花节,我们老两口今天特意从北京坐高铁来看看,大理道的花很美,景色也不错,就是人有点多。走累了,买点吃的歇歇。"在民园广场上的草坪上,来自北京的游客赵女士和先生一边吃着网红冰激凌一边歇歇脚。

　　海棠花节吸引了众多游客,也成了商家们开展促销活动的好时机。许多商户通过推出具有海棠花元素的产品和服务吸引消费者,其中最受欢迎的当数芳香四溢的咖啡和口感清甜的海棠花雪糕。

据不完全统计，仅在海棠花节期间，这些咖啡店的销售额就达到了平日的两三倍。

阳台咖啡位于民园广场二层靠近大理道的位置，因为可以俯瞰民园广场内场和大理道的海棠花而受到年轻人的追捧，虽需提前预约订位，但活动期间也是一座难求。"坐在海棠花包围的卡座里，点上一杯香浓的咖啡，再品上一口颜色漂亮做工精致的小点心，用心体味这闹中取静的岁月静好。"网红小姐姐一边赏景一边直播她"花前月下"的浪漫。

五大道的游客和商铺算是相互成就。"自海棠花节以来，每天进店的顾客大幅提升，收益比之前要高很多，作为五大道的商户，我们对'海棠花节'的活动是非常欢迎的，希望每年都能搞，长期搞下去，我们对天津的发展也非常有信心。"棉里咖啡五大道店店长说，"店里有30余种口味的咖啡，最近这段时间，一天最多能卖500多杯咖啡，比2月的日销量高出1倍多，店里每天用豆量约5千克，近10多天，店里的营业额比2月同期增长了近2/3。"

如果说咖啡厅嵌入的是该片区的浪漫基因，那么小吃街则融入了这座城市的烟火气。周女士在五大道小吃街有3家店，其中2家章鱼烧、1家串串香。今年2月，单店平日的销售额在1000元左右，周末能达2000多元。最近一段时间，借着"海棠花节"带来的流量，章鱼烧单店的日销售额近2万元，相比于2月同期，增长了近10倍，工作人员也由之前的单店1人变成了现在的单店4人。

"人流量大，收益肯定比平时高很多，咱们'海棠花节'宣传也特别到位，好多外地游客慕名前来，参观、赏花、购物，我们希望多举办一些类似这样的活动，为我们企业多做宣传，也为市民筛选更好的产品。"农产品市集的一位商户告诉我。

在春日的花海中被香气环绕时,还能享受味觉盛宴,徜徉天津五大道,你会看到不少人手举粉色雪糕,品尝之前还要先拍张照片留作纪念。五大道首次推出文创雪糕,引得市民争相"打卡"。

　　"海棠味的雪糕,入口先是花香,很清甜,又不会过于甜腻。回味时,还有一丝奶香。假期和朋友来五大道散心,还能吃到这种颜值高、味道好的雪糕,感觉春天都变得生动了起来。"来自天津西青区中北镇的聂女士说道。

　　活动期间,坐落在五大道景区的中国石油天津销售公司对外开放了办公楼A座前院供游人参观,设置了文创交流区、美食冷饮售卖区、休息区等区域,为前来打卡游玩的市民游客提供多种服务。

　　从张扬且有调性的咖啡厅到盲选都好吃的小吃摊,从民园广场的灯光秀到开心麻花的剧场演出,从人手一根的海棠花冰棍到新潮应景的文创产品……五大道几乎满足了人们对于生活的大部分想象,并毫无保留地呈现丰富多元的文化生态。

　　花无"百日红",好花如何常"开"? 随着赏花文化旅游的不断升温,想要留住游客,靠的不仅是城市的好山好水好风景,更需要的是烟火气、人情味。如何乘势整合资源,从空间、时间、形式等维度拓展"花的颜值",用多样化的活动和产品,用天津独有的开放、包容和热情从"引来人"到"留住客",这将是一篇常论常新的大文章。总之要注意挖掘天津之美、艺术化展现天津之美、科技化创造天津之美、整合化宣传天津之美,趁着春日赏花季带来的轰动效应持续不断推出活动,营造话题,提升服务质量,带动更多的城市消费,促进天津经济、社会、文化和谐发展。

　　(魏天权,人民政协报驻天津记者站兼《天津政协》杂志记者)

一个插班生和五大道的故事

● 柳　生

一个偶然，我一个河北小孩子来到了天津，"插班"融入了五大道这个带有浓郁洋味氛围的生活圈子。

我来到了天津

1958年是中国大地沸腾的一年，那年我刚10岁，上小学四年级，只是懵懵懂懂听新闻上说，河北和天津"省市合并"正式启动，天津即将成为河北省会。

1949年新中国成立之初，国民经济历经三年恢复期后，开始了新中国第一个五年计划。中国是一个农业大国，人口大国，但是起步初期一穷二白，工业化基础薄弱。到了1958年，中央有了"以钢为纲""工业元帅升帐"的提法。河北是个农业大省，天津是个工业发达城市，在这样的背景下，依托中央层面及地方层面的多重考量，产生了以工业城市带动农业省份以加速实现工业化进程的构想，这便有了之后1958年省市合并的动作。我的父亲作为一名干部，也跟着省委机关由保定搬来了天津。

我从小生活在保定，那时虽是河北省会，也是个很古老很有名的城市，但跟天津比起来，落后得却不是一点儿半点儿，直到1958

218

年,一个省会城市竟还没有一辆公共汽车。而天津则完全不同,那是个沿海工商业大城市,更是个带洋味的城市,在五六十年代,天津在全国论经济排名,论生活水平,仅在上海之后。

来之前,在我这个10岁孩子的脑海中,天津,是天上的"津",那一定是个很美妙的地方。

记得我来天津之前,爸妈曾带着弟弟先来过一次天津,打前站,也算考察体验一下生活环境和住处,做搬家准备。弟弟是抱着公共汽车的玩具回的保定,我还是第一次见到公共汽车的样子,啊,天津的公共汽车是这个样子呢。天津给我的第一个印象,就是那里一定很阔气、很洋气。

爸爸问我,你是跟着去天津还是继续留在保定上小学呢? 我在保定上的河北小学是保定省城最好的小学,是一所干部子弟住宿制学校,学习生活环境都很好。不过从弟弟那里我已感知了去天津的新鲜感和好奇心,我可不想失去这个机会,我忙不迭说,不行,我也要跟你们去天津!

1958年10月,我们全家乘上由保定去天津的火车,我们要去天津喽。

天津是中国第二大商业城市,工商、海运业发达。它又是一个中西合璧的城市,五大道的小洋楼和南市的三不管,构成了中西文化交融并存的格局。天津这个地名,据后来得知,就是天上银河、天子渡口的意思,天津多水,号称北方泽园。

那天到天津时,天色已晚。出了天津火车站,广场前便见一条大河,自西向东流去,这是天津的母亲河海河。

迎面见一座钢结构大桥横跨其上,气宇轩昂,这就是有名的解放桥。大船过,这座钢桥可从中间扬头开启,人们谓之曰"万国桥下过大船"。

站前广场上有不少三轮车等活儿,天津的三轮车比保定的大气,双人座,很宽敞。天津蹬三轮的工人很会说俏皮话,一见我们小孩子就说道,"祖国的花朵来了,上车!"

一下火车就感受到了天津大都市的洋气,这是我在省城保定和皇城根儿北京都从没感受过的气息。

夜色中,我和妹妹乘的三轮车下了解放桥,走下坡路行驶在解放路上,一路看过去,两边到处是高楼大厦,那些建筑挨个都洋味十足,高阔浑厚,有些门前还有粗大拙实的罗马式圆柱脚高耸矗立,后来知道这段街正是过去时代外国大银行的集聚区。

当年,如果说上海是旧时代中国钱袋子的话,那么这里就绝对称得上是那个年代中国北方的钱袋子了! 一路掠过这条金融大道,一切都令我们如此目不暇接。那种新奇惊异、兴奋的感觉,我至今仍能清晰记起。

我住上了小洋楼

图 22-1　柳生全家福,前排右一即柳生

我的新家坐落在睦南道上,这条街虽用的是一个不起眼的跟越南接壤的睦南关的地名,却是天津五大道里很有名的一条街,有无数栋令我眼花缭乱的小洋楼。我不知道为什么这样的一条街要取上一个那么遥远的地名,而紧邻的另一条街名叫大理道,同样也是万里之遥的地方。

这一带是原来的英租界,虽是夜晚,从夜色朦胧的轮廓中也可看出,那街道两旁鳞次栉比都是异国情调的建筑。夜色中,街上静谧无声,行人稀少,这里的气息给人以一种异样的曼妙情调。

我家住的睦南道50号是一所英式风格院落,和旁边的48号、46号几个院子风格相同,都是由一组联排别墅建筑分割而成的院落。旁边紧邻的52号院,更是阔气,那是张学铭的住所,我进去过,室内墙壁都镶嵌着高级木块拼条,装潢奢华,当时这里已是一家房地产公司。

我家住的50号院,前面院子不大不小,布局规整。一进大门是一条小甬道直通楼门,道两旁是两排小柏树,院落中有几棵高大杨树,几丛灌木,还有能染指甲的那种草花。小洋楼有二层,墙壁上嵌满小鹅卵石,爬山虎布满半面墙。一个小夹道通向后院,后面有个小院子,院里有两间连通的平房和一溜儿小耳房。

小洋楼里住着几户人家,我家新搬来住在了一层。原住家有天津人民银行的行长崔相和,还有一家是天津大学的一位系总支书记。崔行长是个抗日老干部,个子不高,四十多岁,为人和善,山西人,穿一身干部服。

后院平房里住着工友卜大爷一家,他日常负责打扫院子卫生。后院拐角还有好几间的小耳房空着,房间都很小,一间也就三四平方米。

那个年代,很多五大道院子里都有这样一位工人,大概是延续了新中国成立前的样子,共产党接管了小洋楼,连管院子的工友也留用下来。这些人大都文化水平不高,在旧社会给大户人家当仆人杂役,新中国成立后,这些人变成了职工。他们知足、勤奋、踏实,懂得珍惜共产党给他们带来的新生活,我很喜欢亲近他们。

五大道的新生活很新鲜,也让年幼的我觉得新奇。我头一次用马桶,一拉水箱,马桶里的水哗哗急速上涌,眼看就要漫出来了,我急得大叫母亲,还好,水涌到了最高处又自己咕隆隆几声漏下去了,原来是虚惊一场。母亲摇头看着我笑,她大抵也是觉得新奇。

我家院子大门外有个浆子早点铺,是原来的汽车房改造而成。睦南道这一片旧租界区都是小洋楼,美丽幽静,缺的就是商业网点,买个东西都要跑到黄家花园那边买去。不过睦南道上几乎每家院子里都有一个汽车房通连街上,闲置的汽车房就派上了新的用场,公家把汽车房稍加改造,就解决了这一带的早点问题。

我在五大道四处奔跑玩耍的日子还没过多久,那一年十月,我插班进入了常德道小学四年级学习,人生由此渐渐融入了五大道这个圈子,我也一下子成了一个大城市人。

我在天津上小学

来天津那年我10岁,上四年级,插班上了离家不太远的常德道小学,两年前这里还叫四友私立小学。班里同学大部分家里都是天津社会名流,有知识分子、医生的孩子,工人家庭子女极少,还有就是我们几个来自省里和市里的孩子。

我们那个年级两个班,有个同学叫樊前进,是副市长樊青典的儿子;还有一个同学叫周启宛,是副市长、民主人士周叔弢的孙子。

班里同学对我们几个外省来的孩子很新鲜,待我们也很好。同学家都住五大道一带,住独楼或民园大楼那样的公寓,家里都很阔气,不过都还是不知世故的年纪,没有谁觉得自己高人一等,也没有谁觉得自卑,我们很快便玩到了一起。

刚来到新学校,我还不大适应,看着操场也比我们保定的河北小学小很多,感觉怎么这么大的城市,学校还不如我原来的学校好。实际上后来我明白了,这里是天津,又是在原来的租界区五大道上,寸土寸金,一个私立小学又怎么可能像我原来河北小学那样的干部子弟住宿制学校,有那样大的操场,有很大的宽裕地方。

那时的校长是于秀媛女士,她对我们河北省来的孩子非常热情,对老干部的孩子也很是照顾,我一入学就把我安插进了四年级二班,我很顺利地就跟上了班里的学习。我还有个妹妹,本应该在1958年这年秋上学,那时按规定,以9月1日为界,在保定就因为差了几天生日没能入学,于秀媛校长听说后很是着急,说不能耽误孩子,然后马上着手安排我妹妹入学。那时已开学两个月了,于校长硬是将我妹妹插进一年级。这件事一直被我母亲念叨着,说应该好好谢谢于校长。她完全是出于公心帮助我们,对每一个孩子都如此宽厚。

插班后我还交到了要好的朋友,班上一个叫倪耀德的同学和我很好,他个子高,皮肤白,五官清秀,知道很多新鲜东西。他家住在马场道的一栋独楼,父亲是法国皇家学会眼科博士。上他家玩,一上楼,墙上到处挂着油画。他脖子上有时会金光一闪,他会掩饰那个东西,后来才知道是一个小金十字架。

同学李忠谱家住南海路一个胡同的独楼里。我们学习小组在他家,做完作业我们就在他家玩抓子,也叫搬砖儿。他家离民园体育场很近,有时民园有球赛,像来苏联迪纳摩那样的球队,我们就上他家楼顶去看。太远,看不太真,但是热闹劲儿是看到了。

班上的晋南征和李光查都是和我一起从河北小学来的河北省子弟。李光查家住睦南道99号,这里是河北省委宿舍大院,是那种新盖的楼房,但并不是洋楼风格。李光查的父亲李继之前是河北省委文教部部长,后来当了师范学院的院长,是个一个挺和蔼的老头。晋南征家也住睦南道,这里住的都是河北省商业厅的领导干部们。河北省委迁到天津,办公和宿舍用地都很紧张,据说这个院子是商业厅用三万元从一个孤身老太太手里买下来的。院子很大,建筑风格洋气,房间很多。只是再多年后成了个民居大杂院,院子被割得一块一块的,凌乱不堪,完全失去了原建筑的灵气。

天津的小孩子特别喜欢足球,那时天津足球队很棒,苏联的足球队也常到天津民园来比赛。我刚到常德道小学,班里的同学就拉着我到操场上试脚,看我一脚能踢多远。我刚开始还习惯说保定话,但后来已习惯说一口流利的普通话,也是和这些同学交往久了的缘故。

那时的班主任是张珉老师,她是一个负责任的老师,有些胖胖的,烫着卷发。张老师不是多漂亮,但慈祥宽厚,认真负责,同学们都很尊敬她。

有一次上张老师的语文课,我还露了一次脸。

那是一堂作文课,张老师带领我们写一篇到天津海河广场活动的作文。海河广场是天津政治活动中心,每年的“五一”“十一”游行都在这里举行。广场临海河,观礼台正中挂着毛主席画像,广场上摆放着马克思、恩格斯、列宁、斯大林和孙中山的画像。张老师的问题是:这些画像可以用一个什么词汇归纳。

同学们都很踊跃,积极回答。有说政治家的,有说社会活动家的,还有说革命家的,先后大概有二十来个同学站起来回答,但都未能令老师满意。轮到我回答的时候,我说“伟人像”。我的回答虽说不上语惊四座,但在众人面前还是大大露了个脸。老师的满意、同学们的艳羡目光,让我心里大大满足了一回。原来知道得多,是一

图22-2　常德道小学教职工合影,后排左二即班主任张珉

件这么快乐的事情。也是这件事激起了我对学习的热情。

我现在已不再是少年,可当我想起幼时的故事,还是会觉得亲切怀念,1961年秋,我上了一中,每天上学轨迹就变成了成都道—长沙路—二池—西安道——中。我按部就班地读书、工作,后来在这里成家,有了自己的儿子,已经彻底变成了一个天津人,再不是那个对着公交车觉得新奇的孩子了,然而我总是怀念起当初的一幕幕场景,作为插班生与外地人融入五大道的童年,已经成为我最珍贵的回忆之一,即使年过半生,仍不能轻易忘怀。

（柳生,天津市发展和改革委员会原干部,已退休）

五大道与金融业的渊源

◉ 孙加祺

五大道与金融业的渊源

自近代天津被迫对外开埠以后,城市规划和建筑风格一直受到西方文化的深刻影响,最典型的便是原英租界内,被民间称作"天津小洋楼"的五大道。

除了建筑风格,在同一时期,受到西方文化影响的还有天津传统的银钱业,隶属其中的现代银行产业更是受西方金融模式的广泛影响,随着现代银行产业的飞速崛起,一批业内巨子在货币流通领域呼风唤雨,大显身手。有趣的是,他们中的许多人都将洋楼成片的五大道作为安家立业的首选地,从而形成五大道与金融业的深厚渊源。这些业内巨子,包括早在1880年就被派到天津

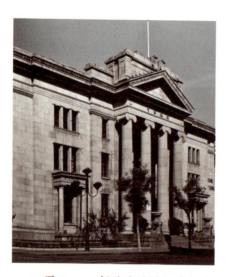

图23-1　解放北路的汇丰银行
　　　　　天津分行旧址

筹办汇丰天津分行,并在任华账房经理25年的吴调卿先生(1850—1928);以藏书而出名的曾任天津中国银行行长的银行家胡宗枅先生(1867—1938);长期浸润在金融业并担任要职的卞氏家族双雄卞寿孙(1884—1968)与卞喜孙(1895—1965);早年在瑞林祥银号、官银号任职,并在盐业银行任副理的石松岩先生(1879—1951);以及担任过中南银行天津分行经理,以收藏著称的张重威(1901—1975)等知名银行家,因缘际会之下,这些人都来到了五大道。

西方金融播撒在五大道的种子

银行业听起来很久远,其实是17世纪末才在欧洲出现的新事物,它与近代大机器工业和商品大流通相辅相成,相互促进,带动着工业革命与商品贸易的蓬勃兴起,又随着全球化的进程一路向全球扩张。

19世纪后半叶,中国社会对外开放的速度不断加快,程度不断加深,出现了商品贸易打头、工业制造随后、国际金融资本跟进的贸工银一体化趋势。作为华北地区后起的工商业城市,19世纪后期的天津依靠优越的经济地理位置和漕运,以及商贸手工业的独特优势,在中国北方已经成为首屈一指的城市之一,加之以引进大机器工业为主的洋务运动首先在天津兴起,许多外商银行与中资银行纷纷将天津作为首选之地。

1880年,英资汇丰银行落户天津之前,天津传统的银钱业已经相对发达,各种票号钱庄与银号遍布城中,不过规模都偏小,资金分散,尽管有二三百家之多,却不足以在资金上支持大机器工业的快速发展。眼看外商银行业在华兴起昌盛,国人"借债不如办银行"的社会舆论日盛,1897年,第一家现代意义的中资银行——中国通商银行在沪正式成立,并于转年在津设立分行。有人统计,1880年到1949年的这段时期,天津共存续过银行189家,其中中资银行占152家,其数量与规模在中国北方城市中首居第一。

银行金融业是个庞杂的大系统,也是现代经济的重要核心,它负责经营货币流通,对专业性与知识化要求比较高,因此形成了一批素质较好、收入水平较高的银行家与职业管理人员,当时人们习惯于把他们认作"白领阶层"。1949年以前,天津银行从业人员已有数千人之多,其中高学历比例较大,且涌现出一批知名的银行家与金融界人士。

天津一众中外资银行主要集中在解放北路金融街和原英、法、日租界地,形成了一个事实上的"金融区"。作为典型高档住宅区的五大道,它与金融业最直接的联系,就是集中了一批银行家的私宅和银行职员宿舍。五大道道路设计工整,住宅布局合理,数百栋各式别墅洋房坐落其中;其公共设施也齐全,路边两侧均有下水道口,路旁安置有路灯,还有消防用水龙头,人行道上遍布一排排绿化树与绿色的邮筒。

于是优越的条件环境吸引了许多社会名流,也云集了金融界人士,许多知名人物虽来自江、浙、湘、晋等外省各地,但在津的住所都不约而同地选择了五大道。除前述几位业界宿将外,中孚银行的副经理孙啸南先生原是外地人,来自浙江温州,他的住所就在常德道18号——一条小胡同内一栋三层带院的小楼,闹中取静。著名的企业家李赞臣先生,原籍江苏昆山,曾任长芦纲总,并担任过天津殖业银行总经理,是银企双跨的实业巨子,他的家也安在睦南道28号,一座独栋三层的大楼。

除此之外,担任四行储备库经理的胡仲文先生,原籍江苏淮安,他于南开大学毕业后入职金融业,留在了天津。当年他冒着被日寇搜捕的巨大风险,与盐业银行陈亦侯经理一起,安全转移国宝金编钟,成为一段在我们银行大院广为流传的爱国佳话。而胡先生的家就在成都道的永定里。

上海银行天津分行经理的资耀华则是湖南籍人士,自1926年留日回国以后,就经年累月地在天津银行业工作,他的家在成都道上的昭明里。

还有在常德道、大理道都有住宅的中孚银行经理林鸿赉先生,他在常德道与衡阳路交口有一处花园别墅,该院设计别样,院大庭深,环境优美,在五大道上的洋楼中名列前茅。

把住宅落在五大道的另有住在河北路300号的大陆银行董事长谈丹崖,以及位于重庆道106号的中和银行经理张召兰,中国银行天津分行经理卞白眉居于云南路,天津天瑞银号总经理顾筱林先生住在常德道东头照星别墅大楼,益德号钱铺东家王益孙先生则住在河北路273号内。

这批银行业界巨子的到来,给五大道上的居民带来了新的成分,既有别于清末民初遗老遗少的暮气,又异于某些军政要人的戾气,他们展现出一种拥抱世界的新经济人士的朝气,也为五大道带来了现代经济的核心产业——银行,现今坐落在成都道河北路交叉口的工商银行成都道分理处,早先便曾是名震一时的金城银行旧址。

永生难忘的银行大院

天津解放以后,银行金融业的发展也迈入了崭新的阶段。随着金融业务的不断扩展,银行职工队伍也在不断扩大,仅在两年间,就由1949年底的3000多人,扩大至1950年底的5000多人。在五大道

图23-2 重庆道津南里的银行职工宿舍

地区,原本的银行房产已经较多,如今又添了新的居址。在我的记忆中,比较出名的有如下几处:

一是我所在的常德道银行大院,这座大院因楼体高大、住户清一色为银行职员而远近闻名。说来,我们家还与银行大院有一段渊源。新中国成立前,常德道23号院原为私家所有,直至20世纪50年代初,才由人民银行购买过来,而经手人便是银行储蓄部副经理——家父孙思元先生,当时购买的价格是1700匹洋布。转成银行宿舍以后,经过一番维修,我家又成为第一个搬进入住银行大院的住户。当年曾任分行滨江道办事处副经理、后任河西区副区长的王锡佐,曾任建设银行天津分行副行长的刘梅华,成都道银行分理处主任张洪林,高级知识分子阎步生先生等人,都陆续成为银行大院的邻居。

二是成都道上的永定里。印象里这是一座非常有现代特色的楼群,是由七幢联排公寓形成的建筑组团。每座楼均高三层,房型、门窗、院落与外墙内饰等均一致,顶层还有露台。小区呈"口"字形布局,楼群中间是一个休闲的小花园。正南正北处有两个出口,有石刻"永定里"三个字,北通岳阳道,南接成都道,出行方便。新中国成立前,永定里产权属天津四行储蓄会,另外,实业家朱继圣先生、医学专家朱宪彝先生也曾住在这里。

此外重庆道与新华路交口处还有一座四层建筑,名叫津南里,呈半圆的L形立在街口,每户临街一面都有又长又大的平台,朝北、朝东各有一个门洞式通道,里面是一个大院子,各楼门有自己的石头楼梯。新中国成立前,这里就是银行职员的宿舍。新中国成立后,曾任农业银行天津分行副行长的赵力平女士,都曾在此长期居住过。

再有便是紧挨着五大道贵州路上的津中里,新中国成立前,此处即为中国银行的宿舍,新中国成立后,这里被接收为银行资产,继续供银行职工居住。我记得曾在中国银行任职的著名书法家陈邦怀先生,就住在这里过。

20世纪五六十年代,人民银行天津分行的几位行领导,如赵步崇、牛致中、王东篱等,他们都住在五大道上。其中赵行长住在睦南道51号,那是窄窄的二层楼,一幢上带平台、下有小院的联排别墅,与左邻右舍挤挤挨挨在一起。牛行长和王行长则共同住在睦南道西头的143号,分住在楼上和楼下,这座小楼深卧在一条长长的胡同里,有一个长着枣树的大院子。

除此,在五大道上还有一些零星的银行宿舍,但住户不似上述几处那么集中,后来逐渐演变成混居的杂院。有些宿舍属于银行租用,仅有使用权而无产权,如大理道30号住房,在新中国成立前即为山西裕华银行天津分行租用,供职员居住。

由于五大道及附近地区住有大量银行系统的职工家庭,银行职工子女的数量又比较多,因此学龄孩子的上学问题也凸显了。那时的银行系统相对独立,对教育又很重视,于是一批幼儿园和小学都相继建立起来。靠近五大道北侧的贵州路,就是国家银行子弟小学,简称"国行小学"。它是银行系统自办的学校,供居住在五大道地区的银行子女在此念书。我记得各个班上都常有兄弟姐妹同校不同级的情况,1961年,我的二哥在六年级,三哥在四年级,我则在一年级。对那时的我们而言,学校既是各年龄段孩子学习的场所,又成了课下游戏玩耍的乐园,我们在此度过了十分快乐的童年。更让我们觉得有趣的是,放学后,老师还给同学们就近布置了学习小组,几个孩子去一家集中复习,这给了同学们相互串门、认识街道、接近家长的机会。因为大人们都在一个系统工作,我们自然而然地有了一种亲近感。那时知名金融家顾筱林的孙子、牛致中行长的儿子,均与我二哥同班;赵步崇行长的儿子与我三哥同班;牛致中行长的女儿则与我同班。五大道地区的各条道路,各个银行宿舍、住宅,就这么一一熟悉起来了。

生活在五大道特别是银行宿舍,给了我接触银行界人士的机会。还记得刘梅华副行长是山西左权人,来津多年,口音虽已有些变化,但普通话里仍含有晋东方言,听上去绵绵软软的,别有味道。又瘦又高的阎步生先生是银行界的老人,一位高级知识分子,待人接物十分谦和,与我们小孩子见面时,也总是客客气气、彬彬有礼。20世纪60年代,住在大院右侧照星别墅的还有顾筱林老先生,老先生那时已有七八十岁了,留着一缕让孩子们难忘的白胡子;与银行大院相隔约百米的则是孙啸南先生的家,因院中有枣树,我们这些淘气的孩子常悄悄去摘枣,已入古稀、个头不高的孙先生端坐院中,见到孩子爬上墙头,从未呵斥,不急不恼,只是笑眯眯的。

图 23-3　成都道永定里的银行职工宿舍

　　但令银行大院孩子们最难忘的,还属1962年冬天发生在大理道储蓄所的一起大案。当时媒体也报道过此事:一名歹徒持枪抢劫了储蓄所,在储蓄所工作人员的英勇搏斗下,国家资金未受任何损失,但有一女行员壮烈牺牲,一男行员身受重伤。那个已经50岁身受重伤的男行员,就是同住在23号银行大院的王承立伯伯。他因为勇敢舍身斗歹徒,当选了1962年度的天津市劳动模范。平常在院子里出出进进但不言不语的王伯伯,顿时成为我们心目中的大英雄。

重走五大道与故居

　　岁月如梭。如今,天津金融业早已发生突飞猛进的变化,全国性银行、外商银行和地方商业银行竞相发展,上千家各类金融机构网点遍布全市各地。我亲眼看着那些熟悉的设施设备渐渐走向电子化、网络化,各类银行的经营种类不断扩大,经营规模快速增长,全国银行的存款余额也由1990年末的263.3亿元,猛增到2022年末的4.05万亿元,银行已经成为市民日常生活离不开的"理财助手"。

而有着百年历史的五大道,以它不变的姿容默默注视着这些天翻地覆的变化。

今天,每次重走当年生活过的五大道,怀念它与金融业的难忘往事,回望坐落在各条道路上的银行宿舍与名人旧居,虽然有些已经人去物非,但是它们曾经的形象始终在我的脑海中挥之不去,我能如数家珍地记起那些老一辈人士开创的业绩,包括银行大院叔叔阿姨们兢兢业业、恪守职责、热爱工作、早出晚归的生动形象,它们令我久难忘怀,更成为激励我们银行子弟走上工作岗位后不断学习的榜样。

退休以后,我又拿起笔来,回忆当年在五大道上生活了20多年的旧事,这些逝去的光阴指引我疾笔成书。数年来,我孜孜不倦地查阅近千份历史档案,收集和记录那些生活在五大道上金融界知名人士的轶事,整理银行业发展的历史,撰写并发表了《山西裕华银行天津分行考略》《天津近现代"金融区"初探》等论文。我还将五大道的故事整理成书,出版了描述20世纪五六十年代地区生活场景的《五大道的孩子》,这本书如今被国家图书馆、天津政协文史馆、天津师大图书馆等收藏。对我来说,银行与五大道始终是令我乐在其中的故事故地。我已年过古稀,但仍能记得银行大院里的枣树与洋楼,它们同五大道的光阴一起,埋下一颗茁壮成长的种子,带领天津与新中国的金融业成长为一棵参天大树,最终冲破旧时代的云翳,于今走向了灿烂的光明。

(孙加祺,天津二商集团有限公司党委原常委、副总经理)

黄家花园与我的小人书情结

● 曹式哲

20世纪五六十年代,我家住黄家花园的潼关道长康里(后又迁至附近的义庆里),这里位于墙子河南岸,是五大道住宅区北端的边缘地带。我的外祖父、外祖母家在河北南路307号,即河北南路与马场道交口的疙瘩楼(河北大学教工宿舍),属于五大道住宅区南端。我常来往于两地之间,对五大道十分熟悉,由于五大道毗连黄家花园,便又增添了许多迄今难以忘怀的经历和感受。

在黄家花园长大的孩子

记得在我八九岁的时候,祖父曾经对我讲述过黄家花园的历史由来,说很早以前,这一带有一处私人花园,主家姓黄,因而得名黄家花园。又说黄家花园一带早年间净是芦苇,还有坟地,成为英租界后,才建成了住宅区和商业街,这番讲述与我目中所及的黄家花园可是大相径庭。在老天津卫的心目中,黄家花园交通便利,人口稠密,文化、教育、体育、卫生资源配置合理,商家云集且颇具规模,是遐迩闻名的商业繁华区,天津市区的黄金地段之一。其实早在1930年前后,黄家花园即与劝业场、小白楼齐名,并称租界三大商业中心。至于祖父所述说的"芦苇"和"坟地"早已成为历史,"黄鹤一去不复返"矣。

1955年秋季,我进入西安道志达小学(后更名西安道第二小学)读书。班内同学大多住在黄家花园一带,也有一些家住五大道就近入学的,我们一起上课,一起玩耍,很快便成为要好的伙伴。我惊喜地发现,同学中间有位李建中与我早就相识,原来两年前我俩就在睦南道西端一家银行幼儿园里共同生活过,如今再度相逢,自然欣喜,又能够成为同学,确是缘分。难能可贵的是,即使我高中毕业后赴内蒙古插队,在内蒙古生活和工作了23年,我俩也断断续续保持着联系,至今已经整整70年。我们这两个发小每次见面或通话,总不免要感叹这弥足珍贵的缘分和情谊。

遥想当年,西安道商业街两侧几乎被大小商铺塞满,总有百余家。在熙熙攘攘的便道上,在拥挤不堪的商铺里,我们几个学习负担并不重的小学生经常利用放学后的时间,斜挎着书包钻来钻去,如入水之鱼,却并不购物,显得有些另类。对于仁义和糕点食品店、稻香村糕点食品店、天福楼酱货铺等知名老字号,我们仅能一饱眼福,实为囊中羞涩。至于那些洗染店、百货店、照相馆、清真羊肉铺、切面铺等,我们也曾光顾过,只是很少再去第二次乃至第三次,因为与我们似乎关系不大。成都道的曙光影院、烟台道的儿童影院倒是诱惑力超强,而且近在咫尺,然而又不可能天天前往观影。那么哪里才是既能满足好奇心与求知欲,又适合消闲遣闷、尽享愉悦的好去处呢?我们很快发现,那几家小人书铺才是值得流连忘返的绝佳场所。

钻小人书铺的快乐时光

这几家小人书铺或选址在闹市边缘,或隐身于僻静的胡同内,远不及西安道商业街那些商铺气派,甚至张扬,相形之下,倒显得有些冷清,甚至寒酸。

与其他小人书铺一样,这几家小人书铺虽没有招牌、招子之类的标志,却不难寻觅,其显著特征便是那些花花绿绿的小人书封面。这些小人书封面一串串悬挂于门窗玻璃内,新到小人书的封面则贴在五合板或纸板上,立于门外显眼处。这些举措固然是为读者选书提供参考和便利,但是商业广告的意味不言自明。在并不宽敞的室内,书架上塞满了历年出版的小人书,这些小人书的封面早已揭去,以白色或灰白色硬纸作书皮装订成线装本,论册收费,每册收费1分钱,稍厚些的2分钱,再厚些的拆装成三册或四册,这样便可以多收几分钱了。读者座位一般是低矮的长条凳,长条凳不够用时,读者便只得屈尊坐在以两摞砖头架起的木板上,好在读者是为读书而来,有座位即可,并不挑剔。

钻小人书铺的读者多是与我们年龄相仿的小学生,有时也会有初中生,成年人绝少。室内很是安静,读者坐在那里津津有味地读书,各自进入书中的世界。某个角落不时会有翻书的声音,偶尔还会听得某人读至妙处扑哧一笑,然后与小伙伴交头接耳地议论几句,大声喧哗的事绝对没有。夏季里钻小人书铺,如果突降暴雨,未带雨具走不成,干脆再花几分钱,静下心来继续读书,直至雨过天晴。冬季里钻小人书铺,室外朔风劲吹,我们坐在暖烘烘的火炉旁,边读书边倾听铁壶内开水翻滚时发出的欢乐声响,十分惬意。在钻小人书铺的日子里,我们饱览古今中外的精彩故事,不觉间增长了知识,开阔了眼界,丰富了想象力,更重要的是,提高了阅读的兴趣,培养了阅读的习惯,这一切,对我们日后的成长和发展具有难以估量的影响。不过我们当时只是单纯地认为,在小人书铺里,终于找到了属于自己的快乐。

毋庸讳言，我们偶尔也有调皮的时候，为了多读一册书，趁经营者不备，将彼此读过的书悄然换过。今日思之，经营者何其艰难，我等此举实在大不应该。

说来读者与经营者间，一个需要花钱读书，恨不能少花钱，一个亟待挣钱糊口，巴不得多挣钱，二者相遇，自不免发生一些"智斗"的小故事。姑且再略述一二。

一般情况下，小学生衣兜里的零花钱并不宽裕，读书所用多为平素节省下的零食钱，甚至是早点钱，于是有机灵的读者想出了省钱阅读的对策，即两人或三人伙读一册书，而经营者为了招揽生意，在读者较少，座位并不紧张的时候竟也默许。这种方式看似拣了便宜，实则并不理想，原因有二：其一，两人或三人伙读，读速不一，兴奋点也不尽相同，互相迁就则谁也读不畅快，因为读书本来就应该是个人的事；其二，两人或三人伙读至精彩的画面或动人的情节时，难免兴奋地议论几句，调门一高，便会招致经营者呵斥，大为扫兴。为此，这种伙读很快便被摒弃。此外，还有一条省钱阅读的计策，即读者借选书翻书之机，立在那里有意延宕时间，经营者稍有疏忽，读者竟会将一册书飞速读完，待经营者屡次催促乃至出手制止时，起码已经了解了故事梗概。今日思之，读者与经营者有时似乎就像一对"生死冤家"，二者原本谁也离不开谁，相遇时却又会发生这些微妙的小插曲，亦属趣事。

黄家花园小人书铺经营实录

在我的记忆里，1955年至1966年，黄家花园一带至少有五家小人书铺，以下逐一述之。

238

第一家位于西安道临园里胡同口内，坐东朝西的一居室，低矮简陋，面积10余平方米。室内以柜台和书架相隔，前半部分是营业区，后半部分是生活区，由一对年过六旬的老夫妻经营。由于室内狭小，后又将南侧墙壁打通，外接一间小屋。如果依旧坐不下，便只好搬个小板凳请后来者在门外将就一下了。这家小人书铺距志达小学很近，斜穿马路即至，我常来此读书。经营期至20世纪60年代中期。

第二家位于长沙路与潼关道交口，此处有一栋灰色二层居民楼，楼下设有粮店，隔壁即是小人书铺。这是一间坐西朝东的标准门脸房，面积约20平方米。室内敞亮、洁净，中间以书架相隔，前半部分是营业区，后半部分是生活区，由一对中老年夫妻经营。男人年纪稍长，系残疾人，夫妻二人育有一子。从志达小学回家，我多经过该路口，故常来此读书。经营期至20世纪60年代中期。

我这家小人书铺有过这样的经历，即这家小人书铺经营者有时不是根据小人书的厚度将其拆装成二册或三册，论册收费，而是在这些小人书的封底（书业俗称"书屁股"）打上"1.5分"或"2.5分"的戳记，这便如何收费呢？譬如你选中了一册收费"1.5分"的小人书，却无法支付1.5分钱，支付1分钱或2分钱吧，显然都不合适。别急，经营者早有妙计：如果你要读这册小人书，可以再选一册收费"1.5分"或"2.5分"的小人书，凑个整数不就结了，结果是多花钱读了一册小人书，我由此见识了经营者的智慧和手段。

第三家位于长沙路与上海道交口，与耀华中学隔河相望，系由一间半地下房屋辟为小人书铺，入门即下台阶。我曾经来此读书。两三年后改为冷食店。

第四家位于西安道与柳州路交口，门面比较讲究，橱窗内陈列着中外长篇小说,诸如《子夜》《家》《春》《秋》《红与黑》《战争与和平》《白痴》《钢铁是怎样炼成的》等。室内宽敞,采光亦佳,进门迎面即是柜台和书架,经营者为男性,年约50岁。小人书和中外长篇小说均可办理租赁。20世纪60年代初期,我在天津一中读初中,几乎每天经过这家小人书铺,曾经来此读书。经营期至20世纪60年代中期。

"某年夏季,我错过了前苏联影片《静静的顿河》的放映期,于是在这家小人书铺补读了据影片改编的小人书《静静的顿河》。这套小人书分上下两册,收费5分钱,虽然并不便宜,也只得认帐。由于天气炎热,读者们被安排到室外树荫下的小板凳上,十余人密密匝匝地坐成一片,在人来车往的西安道与柳州路交口构成了一道别致的都市风景。"

第五家位于西安道尽东端北侧延长部,门牌河北路364号。二楼住有两户居民,楼下是直通后院的过道,这家小人书铺即设于此。经营者男性,五六十岁,并不在此居住。经营期至20世纪60年代中期。

图24-1　长沙路求志里今貌

那些租不起店堂的经营者如何生存呢?这里尚有三家以手推车经营的半流动或流动书摊值得一说。

第一家位于长沙路求志里门洞内(贴墙占据北侧,南侧为居民出入留有通道),系以手推车经营的半流动书摊。经营者姓陈,男性,40余岁,每日推车将小人书、中外长篇小说并一应物品运至此处,风雨无阻。后又在此搭建简陋木质小屋,经营者和读者冬季可移至室内。小人书和中外长篇小说均可办理租赁,由于读者多为附近居民和小学生,彼此熟稔,互相信任,免收押金。经营期至20世纪60年代中期。

第二家系以手推车经营的流动书摊。经营者姓张,男性,原籍河北省霸县(今霸州市),家住营口桥(旧称张庄大桥)附近的上海道。早在20世纪50年代初期,这位经营者即活跃在上海道摊贩市场一带。由于居室狭窄,遂采用流动手推车的经营方式,手摇铜铃,高声吆喝,颇有点上门送书服务的意味,方便了读者。家母早年曾向其租赁过张恨水、刘云若的社会言情小说,我迄今亦记得这位经营者在昏暗的路灯下忙碌的情景。当时,这位经营者正值中年,精明干练,信誉亦佳。经营期至20世纪50年代末期。

20世纪90年代中期,这位经营者已年近九旬,尚在家经营烟酒,得知我的职业是图书编辑,便饶有兴致地与我聊起津门书业的诸多往事。又知我正参与策划和编辑出版《中国历代家训丛书》,颇感兴趣,于是托我代为购买,我拟以手头样书相送,老人家执意不允。我一向尊称其为张大爷,一直记着这位可敬的书业前辈。

第三家在西安道一带,系以手推车经营的流动书摊。经营者男性,三四十岁。租赁长篇小说,收押金。20世纪70年代中期尚在经营。

有道是"窥一斑可知全豹",通过对这八家小人书铺(包括以手推车经营的半流动或流动书摊)经营状况的粗略考察和剖析,可以推知当年天津市区内小人书铺经营群体艰难的生存状态和顽强的生态特征。

购买《三顾茅庐》的往事

我的思想启蒙、历史启蒙、文学启蒙、艺术启蒙是从小人书开始的。当然,我的图书收藏也是从小人书开始的,确切地说,是从在黄家花园新华书店购买小人书开始的,其中还有一次难忘的经历。

事情发生在我读三年级的时候。一个周日的下午,我兴冲冲地来到书店,购买心仪已久的《三顾茅庐》,交款时,竟差5分钱,这可把我急坏了。一位年约40岁的营业员阿姨见状,和蔼地对我言道:"小同学,别着急。你先取走这本书,短缺的钱么,改天送来就是了。"营业员阿姨亲切、友善的目光中流露着对我的信任,我被深深地感动了不假思索地点点头,拿起书就往家中飞奔。一路上我还在思忖:"我可不能辜负了营业员阿姨的信任,马上就得把那5分钱送来。"到家后,我向母亲讲明事情原委,接过母亲递过来的5分钱,便又飞跑着送回书店。营业员阿姨见了笑道:"这么快就送来了,不着急么!"然而我想,营业员阿姨理解我购书的急切心情,相信我是个诚实的小学生,破例照顾了我,我又怎能辜负了营业员阿姨的一番好意,不及时补交那5分钱呢?

区区5分钱事小,重要的是人与人之间要以诚相待,为人处世要讲究诚信。今日思之,我那天的所作所为与学校的教育不无关系,而且无疑带有稚气的成分,但是不管怎么说,这次经历对我的成长影响深远。

图24-2 即将拆除的新华书店

2006年初冬从路人处得知，新华书店这一带不日拆迁，该书店早已迁往新址。虽然知道城市改造是好事，但是眼前的黄家花园书店即将消失，总不免使我有一种怅然若失的感觉。转年8月初，黄家花园新华书店拆迁的日子日益临近，我不敢怠慢，赶紧请同事为我在该店门外拍下一张照片，不知怎的，当时我的表情很严肃，那情景就像是在与一位多年的老友告别。

历史老人的脚步何其匆忙，数十载光阴转瞬即逝。小人书铺、以手推车经营的半流动或流动出摊，以及黄家花园新华书店永远地消失在西安道商业街，代之而起的则是顶天立地的高楼大厦。黄家花园与五大道的诸多变化是社会文明与进步的必然，五大道已然成为天津著名的文化旅游区和对外开放的窗口，成为天津旅游文化的亮丽名片。面对这些变化，人们因怀旧而心存遗憾总是难免的，也是可以理解的，然而守旧或倒退便没有出路，这是必须接受的现实。衷心祝愿黄家花园与五大道的未来会变得更加美好，因为我热爱这片故土，我是在这片故土上长大的孩子。

作者附记：本文之成，吸纳了温慧敏女士、徐铭湖先生有关津门书业的若干口述史料，特此说明，并致谢忱。

（曹式哲，天津市古籍书店原经理助理兼办公室主任、副编审，已退休）

情系五大道　讲好中国故事

◉ 张振东

我是天津五大道历史和故事讲述人张振东，1943年9月出生，今年80岁，退休前一直在和平区文化和旅游局从事文化旅游开发工作，深深认识到传承历史文化、坚定文化自信的重要性；退休后为发挥余热便加入了五大道文明旅游志愿者讲解队伍，把挖掘五大道的故事作为自己的人生目标，通过让游客了解天津五大道，更加了解天津、热爱天津，用实际行动践行了奉献、友爱、互助、进步的志愿精神，受到各行各业广大游客的欢迎和好评。

图25-1　正在倾听讲解的游客

2017年11月入选"中国好人榜",2018年12月被评为天津最美家乡人十佳之一,2019年1月17日作为天津市志愿者代表在朝阳里社区受到习近平总书记的亲切接见,2019年12月被评为"新时代文明典范",2020年被授予"全国学雷锋志愿服务四个100最美志愿者""天津五爱教育阵地优秀辅导员",2021年被评为"天津第七届道德模范",2022年被评为天津优秀志愿者,2023年被评为"构建学校全育思想"优秀校外辅导员。

深钻五大道历史

通过学习,我深感五大道的价值不只在于风格各异的小洋楼,而是在整个区域承载着历史文化以及众多的名人轶事。为了讲好五大道历史和故事,我走遍图书馆、档案馆、古籍书店,多次求教专家学者,走访名人后代,阅读大量文献资料,深入挖掘五大道的历史,并总结出"讲好五大道要以爱国为主线,以传承为主题,以历史

图25-2 五大道历史博物馆

人物故事来连接,整理历史名人家风、家事、家训和爱国情怀",根据不同的游客整理出不同的讲解词,做到"因人施讲",创造了一套自己的讲解艺术。

我也一直坚持每天看书学习,结合形势不断调整讲解的内容,让讲解出新意,不断提高讲解的技巧。

五大道上2185栋风格各异的小洋楼住有"国家级"名人300多位,其中包括民国时期两任总统、七任总理、数十任省市长将军、爱国将领、各界名流实业家、教育家、著名医学专家、外国名人,这里发生了许多事件和政事。为准确讲解历史名人,我用一切可利用的时间通读名人传记,走访名人后代,挖掘史书上不曾记载的内容,用简单的语言浓缩名人的历史,例如,"远渡重洋苦求学,亮剑卫黎惠四方"的著名外交家顾维钧;"官宦沉浮不倒翁,爱国忠贞度晚年"的文治总统徐世昌;"丰生浮华半生闲,不当总理当县长"的北洋政府首任总理唐绍仪;"缓冲百日代总理,搞起实业助佛门"的民国总理龚心湛;"既当总理善经商,老骥伏枥志不移"的民国总理颜惠庆;"恨不抗日死,留作今日羞,国破尚如此,我何惜此头"的抗日民族英雄吉鸿昌;"青山处处埋忠骨,何惧马革裹尸还"的抗日名将张自忠等。让客人体会到五大道里蕴含着家国豪情和伟人风骨,让客人体会到五大道是中国近代百年历史的记录,有着深厚的文化积淀。

通过参观讲解毛泽东主席20世纪50年代第一次来天津,住在五大道和平宾馆三天发生的事——参观新中国第一届城乡物资展览会,慰问水上公园建设初期的工人,走访实业家李烛尘,离开和平宾馆对服务人员慰问情景——让客人体会开国领袖的风范。

2018年8月来津视察工作的中央领导同志听完我的讲解说:你讲五大道观点正、有感悟、很生动。

善待每一位游客

汉唐时期看西安,明清时期看北京,近代百年历史看天津,天津缩影在和平,和平精华就在五大道,来天津不来五大道等于没到天津,来五大道听我讲一讲,您会不虚此行。

图25-3 讲述民园的故事

有的游客说:"你讲的五大道曾是英租界,不知道这是不是帝国主义入侵中国的产物。"我对客人说:"您说得对,租界是帝国主义入侵中国的产物,但建筑是艺术,是设计家的聪明才智,是劳动人民的成果,租界已成过眼云烟。"

有一次在餐厅遇到十几个从成都来的游客谈论五大道,"这里不就是房子吗?没什么特殊的。"我听后给他们讲了20分钟,使他们改变了想法,说早遇到我就好了,我们吃了饭再游五大道。

在民园广场讲解,有的游客不走,不厌其烦地再次听我的讲解。

还有一次,一个戴红领巾的孩子在听我讲居住在五大道上的抗日英雄故事后激动地举手说:"张爷爷,我一定好好学习,长大当一名保卫祖国的解放军战士。"

五大道建筑种类之多,设计之独特,数量之多是全中国首屈一指的。为了讲好五大道历史和故事,我始终扎根在五大道,围绕建筑挖掘讲述名人故居里的故事、近代名人志士的奋斗历程,通过历史传承增强文化自信,让更多中外游人认识天津,爱上天津,同时让红色故事广泛流传。

2020年,游客如云的五大道变成门可罗雀,我积极与宣传部门配合,多次开展网上授课,为孩子们进行线上授课,用通俗易懂的语言讲述五大道名人故事,激励孩子们感恩祖国、奋发图强,通过网络走进千家万户,走进更多人的心里。

我的粉丝不仅有成千上万的成年人,更有很多网上听过我讲课的孩子们,他们走出家门的第一件事就是在家长的带领下,来到五大道现场听我的讲解。几年来,培训出讲解员1000余人,其中大中小学生300余人,并在关工委指导下成立了"红色故事宣讲团·张振东工作室",培训出一批又一批小学员,他们都成为各校讲解好红色故事的带头人。

我的大徒弟不是别人,正是在五大道游客中心担任讲话和培训部的负责人,长子张大林。儿子传承了我的衣钵,加入五大道讲解队伍中。

10岁小学生任咖仪、毛怡茗、施彭俞菲、宫业程听我讲解迷上了五大道,在家长带领下,拜师成为小志愿者讲解员。泰国华侨谢婷婷、上海中医药大学学生暑期放假期间来五大道旅游,在听我讲五大道历史,也做起讲解员,并用英语为外国客人讲解。五大道民园广场这一老一少讲解的五大道别有韵味,红色基因正是这样一代代薪火相传。

很多亲人朋友劝我年事已高,换一个低楼层的房子住,但我珍惜家住得离五大道近的便利,天天爬楼乐此不疲,用上下楼来背记名人典故、历史年份等,比如,张自忠的抗日三字经"人之初,性中坚。爱国家,出自然。为祖国,务当先……"每天一边上楼一边记忆着,不知不觉就到了家门。

我始终抱着一颗感恩的心去善待所有客人,让所有来宾都感到热情和温暖,对待老人和孩子更是关怀备至,在志愿服务平台上,用心用情用功讲好名人历史和爱国情怀,发挥宣传正能量的作用。

我退休20余年为中外游客讲解超过5000场,受众人数达60万人次,讲解时长达6500小时,带出讲解员1000余人,培训红色故事小宣讲员300余人。

2014年夏季达沃斯论坛在民园广场举办期间和2017年第十三届全运会在天津举办期间,有时我一天接待四五个团体,用时五六个小时,始终保持旺盛精力,受到广大客人的欢迎和好评。

我先后编写5套讲解词,书写笔记简报40余册,达100多万字。被4所大学聘为高级讲师,24所中小学聘为思政课校外辅导员,定期到学校和社区进行爱国主义宣传活动。

(张振东,和平区文化和旅游局滨江乐园原科长,已退休)

特 稿

天津名考

◉ 万鲁建

关于天津得名之由来，先前大都认为系得自燕王朱棣之赐名，但是近年来也出现其他各种说法，如"星河"说、"缘河"说、"关口"说、"桥梁"说等。那么天津之得名究竟哪种说法更合理，或者说哪种说法更有历史依据呢？我们还需要做更深入的探讨。

其实，关于天津得名之考证，早在民国时期就有人关注到此问题。《益世报》（北京版）1939年1月24日曾刊登名为"滥竽"的文章《天晴卫与小天津卫》，就对天津卫又叫"天晴卫"提出了异议，说道："相传天津卫，为'天晴卫'一转？昔者燕王靖难一路天昏地暗，至此而晴，遂曰天晴卫。究之，此齐东野人语也！"当然，这里的小天津卫系指杨柳青。1942年8月23日《东满报》也曾刊文《天津卫考》，认为"吾等时时宜诸口舌，形诸笔墨之'天津卫'，乃明代之名称，其历史，初不过四百余年，其前则一镇一寨而已，犹未以天津名也"。此后，关于天津得名之讨论，所作不多。于鹤年在《天津卫考初稿》中也认为天津得名与朱棣有关，其文曰："明成祖渡直沽，破沧州，事在建文二年，而筑城则在永乐二年，盖其时黄福正为工部尚书。前后相差共有四年，不能在下沧州后就筑城设卫。疑成祖于靖难成功之后，感觉直沽地位之重要，即行置兵戍守。至永乐二年，才得筑城

253

设卫。卫之取名,则象征皇帝渡处。惟置卫时已在十一月,兵士不能即日调来,延至翌年,亦是事实所许可的。所以置卫的年代,有的说在永乐二年,有的说在三年,只是着眼之点不同,实际并无矛盾。"

此后,一直到改革开放初期,才又兴起一股探讨天津得名之讨论。刘国珺在《天津日报》1982年11月28日发表《天津与天津卫的得名》一文,认为天津得名亦来自朱棣赐名,只是对于得名之时间,则认为"天津之名开始出现于明惠帝建文二年,即1400年"。1986年1月4日的《北京晚报》也曾经发表文章《天津卫的由来》,也主张赐名说。文章根据吕盛的《天津卫志跋》记载,说:"明初燕王(朱棣)扫北时,曾巡视海河西岸,对这个地方很赞赏,提出要起个好名字,有个大臣曾提议起名为'天津',不久,朱棣为根惠帝(他的侄子)争夺帝位,又从直沽河南下,称帝后,他便采纳了这位大臣的建议,把'海津镇'改名为'天津',意思是'天子的津渡'"。也有报道说《天津日报》1988年6月16日曾发表维刚文章《"天津"之名自谁始》,但是我检索《天津日报》数据库,未能检索到此文,不知何故,故也不知道具体内容。但是根据其他相关文章所介绍的内容,该文认为"天津"二字是隋炀帝在洛水上建造的一座桥名,并不是如一般人认为的那样:"天津"二字是明燕王朱棣即兴所撰。但是"天津"二字并非隋炀帝之时才有,早在《晋书·天文志》就一有"天津"二字。其中记载说:"天津九星横河中"。这也是后来有天津得名"星河"说之来源。

此后,大部分的著作、文章都采用"赐名"说。如万新平、濮文起编著《天津史话》(上海人民出版社,1986年),就说:"朱棣打败了惠帝,登上了帝位,便将直沽赐名'天津',意指这里是'天子渡河之地'。"天津古代史研究者郭蕴静在其主编的《天津古代城市发展史》中也支持此说。著名学者卞僧慧亦认为朱棣赐名之说更为可信，他在《略谈天津名称的由来》①一文中认为，一直到康熙《天津卫志》之前的说法，我们应该承认这是对天津卫命名用意最早也最合理的说法。

此说，之所以得到众多历史研究者的采信，主要是该说有历史文献和资料所依据。历史研究，最重要的是注重史料，要有据可言，而不能仅凭想象。据程敏政《天津重修涌泉寺记》云："我文庙入靖内难，自小直沽渡踔而南，名其地曰天津，置三卫以守，则永乐甲申也。"根据明代嘉靖年间《重修天津三官庙记》石碑载：明永乐二年（1404年），成祖朱棣南下争夺皇位，圣驾尝由此济渡沧州，因赐名曰天津。另据康熙《天津卫志》所载："天津卫属小直沽，荒旷斥卤之地，初无所隶焉。明文皇靖内乱，驻兵于兹，及即位，永乐二年筑城，三年调官军守之。文皇渡此，此名曰'天津'，始隶之河间，箕尾分野。则李文正记详之。"李文正就是李东阳。其创造的天津卫城碑记云："我朝太宗文皇帝兵下沧州，始立兹卫，命工部尚书黄公福，平江伯陈瑄，筑城浚池，立为今名，则象车驾所渡处也。"朱棣渡直沽、破沧州，时在建文二年即1400年，而筑城则在永乐二年即1404年，虽然中间间隔了四年，但是我们知道朱棣带兵南下，渡过直沽，兴兵南下，即便命名为天津，也无闲暇筑城设卫，需要靖难成功后方可实施。正是由于他靖难之役成功后，深感直沽地位之重要，便置兵戍守，也想到了昔日将其命名天津之意，遂正式命名为"天津"也是可以理解的。

---

① 卞僧慧著：《天津史志研究文集》，天津古籍出版社，2011年。

关于"天津桥"之说,其时早在《"天津"之名自谁始》一文出现后,即有人撰文反驳。1988年7月14日,杜天木在《天津日报》上发表《最早的"天津"之名》一文,指出"天津"二字,早在战国时期爱国主义诗人屈原的《离骚》中就已经出现,即"朝发轫于天津兮,夕余至乎西极。"并说"天津"除了泛指天河外,还专指星宿之名。初唐宰相房玄龄等二十一人奉诏修撰的《晋书》,其《天文志》中有云:"天津九星,横河中,一曰天汉,一曰天江。"但是都没有说明"天津"得名的真正来源,只是点名了"天津"二字早已出现而已。

天津历史学者专家刘佐亮在《传统与现代的交融:近代天津社会文化变迁》一书中也认为:"尽管历朝文献中'天津'一词的含义有上述不同的解释,但是现今地名称谓的'天津'的得名,与'星宿说''天津桥''天津河''天津关'并没有直接联系,明成祖朱棣赐名'天津'说更为可信。"学者郭蕴静也认为:"关于'天津'一词的由来,还有其他说法。如'金史有天河说''女宿上有天津九星,姚广厚占应小直沽,故以为名'之说,还有'又按旧志天津本近口关名,在良乡北,自永乐置卫,天津之名遂移直沽'等。类似这些提法,或因史料短缺而难以稽补,或因牵强附会而扑朔迷离,只好录以存疑,暂且不论。"[①]卞僧慧认为,这几种学说,乃是清朝乾隆年间《天津县志》才开始出现的。并对"天津九星说""天津关移来说""天津河"之说法进行了反驳,由此他说道:"'天津'一名的由来,还是以'天子渡过的津渡'的解释最为合乎情理。后起的这几种异说实不足取。"

当然,我们研究"天津"得名之由来时,也应该考虑到,除了燕王朱棣赐名一说外,确实也应该注意到"天津"二字其来有自。或许在

---

① 郭蕴静主编:《天津古代城市发展史》,天津古籍出版社,1989年,第73页。

朱棣赐名直沽为"天津"时,确实也有可能知道"天津"之名,如民间传说"天津卫"里就曾提到此情况。据杨平采录的"天津卫"传说:一次,燕王到海河两岸巡视。他来到小直沽,认为这里是南北水陆交通要道,就对跟随他前来的大臣们说:"这个地方大有可为,应该好好给它起个名字,不能老叫小直沽,它不小啊!"群臣请燕王赐个名字,燕王一时想不出来,望着天思索。这时,一位大臣说:"千岁,以臣愚见,是否把它改名天平。"燕王问:"为何改名天平?"大臣说:"千岁奉天子旨意,平定北方,正合天平二字。"燕王还没回答,又一位大臣说:"依臣之见,不如叫天津。因为千岁是承圣上之命,吊民伐罪,所以顺乎天意,应叫'天';在这里渡过河津,应叫'津'。再说洛阳古时有天津桥,'天津'二字,既有气派,也很典雅。"燕王听了很是高兴,即刻传谕地方,把三汉沽、小直沽两个名称取消,统一改叫"天津"。

从这一民间传说可以看出,"天津"得名,既是朱棣此名,又参考了历史上曾经有过"天津桥"之说,可谓两者结合之产物。

（万鲁建,天津社会科学院历史研究所副研究员）

亲历23·7防洪一线

◉ 张志颇　口述　魏天权　整理

"我志愿加入中国共产党,拥护党的纲领,遵守党的章程……随时准备为党和人民牺牲一切,永不叛党",誓言铮铮,其心拳拳。

千钧一发保安全,大雨滂沱,汛情严峻……7月28日至8月1日,受台风"杜苏芮"减弱低压环流和冷空气共同影响,海河流域遭遇1963年以来最强降雨过程。

永定河告急! 大清河告急!

22条河流发生超警以上洪水,6条河流发生超保洪水,8条河流发生有实测记录以来最大洪水……海河流域发生流域性特大洪水!

"防汛,是水利人与生俱来的工作职责和神圣使命。"当汛情来临时,作为一名水利人,我们没有时间去多想任何事情,心里想的就是如何守护好人民群众的生命财产安全,筑牢全市防汛"安全堤"。

科学决策　靠前指挥

8月9日零点,又是一个不眠之夜,市水务局防汛调度楼灯火通明,这里是市水务局应对此次特大洪水工作的神经中枢。楼内防汛值班室的大屏幕上实时闪动着气象动态、主要河流和重要控制断面水情信息、水位走势图、险工险段图像。在场的每一个人都紧张有序地忙碌着,看图表探讨研判雨情、水情、汛情,以便提前做好应急准备。

根据最新洪水预报,独流减河进洪闸8月9日2时至6时将出现洪峰,洪峰流量将达1250—1300立方米/秒,大清河台头水位将达6—6.1米,东淀第六埠最高水位将达5.3米左右,大清河防汛工作即将进入防洪决战关键期。防汛值班室里,一场应对洪峰的视频调度会议正在召开。7月下旬以来,这样的场景随时都在发生。

有备无患,方能有条不紊。为应对极端天气,天津市委、市政府建立了"1+15"市级指挥机构,依托应急指挥救援平台,整合25个委办局防汛一线数据,建立市防办与气象、水务等部门同一平台联合值守、会商研判、协调处置的指挥部运行规则,压实三级三类责任人和村级"锣长",为高效指挥洪涝潮多线作战做好准备。建成了以市防汛抗旱预案为统领,各行业各部门分预案为骨干,涉及险工险段、蓄滞洪区、低洼积水片、防潮责任段、山洪威胁村等109处薄弱环节"一处一预案",下沉道桥、轨道交通、水电气网等29项"关停限避"和强降雨应急处置、信息发布、"三省一市"渔船回港机制为支撑的"四防"预案方案体系,为防汛抗洪提供了有力支撑。同时,落实区级为主、市级增援的两级防抢队伍,全市应急抢险力量达12万人。全市储备3.8亿元可调可用防汛物资,在259个重点部位预置物资58类,汛期各类队伍、物资保持前置热备,为抗洪抢险做足了队伍物资准备。

面对史上罕见、总量巨大的洪水,天津市防洪应急响应自7月29日至8月1日紧急由四级升至一级。天津市委、市政府坚决贯彻党中央、国务院决策部署,将抗洪救灾作为全市中心任务,确定了"战洪峰、防洪灾、保安全、保稳定"思路,连续召开会议20余次,紧急部署蓄滞洪区启用、群众转移安置、隐患排查整治等各项工作,以"时时放心不下"的责任感和"一失万无"的警醒,坚决打赢海河流域特大洪水防御攻坚战。

市委书记陈敏尔率先垂范,11次亲临抗洪一线,深入所有涉洪区实地查看闸口堤防、汛情灾情和临时安置点,现场指导做好力量前置、除险加固、群众转移安置及回迁生活保障等工作;张工市长在统筹全市防汛抗洪救灾工作的同时,亲自驻守前方指挥抢险救援工作。

刘桂平、连茂君、李树起、衡晓帆、李文海、朱鹏、谢元、范少军、张玲等市领导分兵把守、进驻相关区域,前置指挥推动力量调配、分洪泄洪、堤防抢护等措施落实。

这一切都是为了一个目标,保障"人员不伤亡、水库不垮坝、重要堤防不决口、重要基础设施不受冲击",打赢这场空前的防汛抗洪抢险攻坚战、天津保卫战。

精细监测　筑牢防线

面对来势汹汹的洪水,超前的水情测报是关键,市水务局第一时间吹响水情测报"集结号",160名水文测报人员,奋战于全市各条河道、堤防,同时派出4支水文监测突击队、3架无人机赴上游河北省追踪勘查永定河、青龙湾减河、大清河、子牙新河洪水水头,昼夜奔驰追峰逐雨,及时掌握洪水入境情况,为后方决策提供实时的数据、视频支持。

前方洪水数据迅速传回后方,后方第一时间分析研判汛情变化,及时发布洪水预警,滚动发布水情信息,利用洪水演进模型,开展洪水演进分析和预报,成功预报出洪高水位出现时间、退洪口门启用时间等关键情势。

——8月1日凌晨1:00,我们连夜前往廊坊市,持续跟踪永定河洪水水头22小时,准确预判洪水进入天津境内时间。

——8月2日凌晨2:00,我们连夜前往雄安市新盖房分洪口门和廊坊市大清河东淀蓄滞洪区查勘水情,历时53小时,全程跟踪洪水水头入境。

"现在水流0.4米每秒,我们预判3小时东淀洪水抵达天津境内。""8月4日10时,大清河新盖房分泄洪水水头到达廊坊胜芳闸下游,距离我市3千米,距离静海区台头5千米,距离东淀第六埠20千米。洪水水头流速约0.7千米/小时,预计8月4日中午前后抵达我市境内,预计8月5日抵达东淀第六埠。"源源不断的测报信息为抢险预置措施到位争取了宝贵时间。

气象局、水务局、规资局等部门分别与国家、流域、京冀两省市开展气象、水情、地质灾害专题会商,分区域、分河系发布暴雨、洪水、地质灾害、风暴潮等预警,严格落实直达基层的临灾预警叫应机制。

宣传部门综合运用广播、电视、网站、新媒体等平台媒介,及时发布预报预警信息,滚动传播气象、应急、水务、交通、规资等部门发布的汛情动态、避险提示和便民信息,共计21800余次,覆盖全市群众1300万人,让全市人民都能够及时了解防汛抗洪实时信息。

市防办启动全天候联合会商机制,每日4次组织气象、水务、规划资源、应急等部门与国家、流域、京冀两省市会商研判,先后108次对洪水防御、内涝应对、蓟州山洪灾害防御、风暴潮防范工作进行紧急调度部署,动员市、区、街镇和村级"锣长"10858人全部下沉一线,迅速进入战时状态,做到政令畅通、上下一致,筑牢防汛抗洪、抢险救灾责任堤坝。

水利部和海委充分发挥流域防洪工程作用,利用京津冀地区84座大中型水库拦蓄洪水28.5亿立方米,8个蓄滞洪区蓄洪25.3亿立方米,高效协调各流域间协同作战,减少城镇被淹24个、耕地被淹50多万公顷,避免了462.3万人转移,最大限度减少洪水影响和损失。

市水务局及时启用东淀蓄滞洪区、永定河泛区滞洪,累计超过19亿立方米,同时与海委海河下游管理局精准调控永定新河防潮闸、独流减河防潮闸等入海水闸,累计安全下泄洪水53亿立方米,确保上游洪水安全下泄。

群策群力　　共同奋战

大灾面前,万众一心……

在来势凶猛的洪水面前,为了守卫人民群众的生命财产安全,筑起保卫防洪安全的坚强屏障,全市上下迅速行动,积极作为,打响了一场防汛抗洪抢险的硬仗。

"面对险情,党员就要冲在最前面。"我们很多同志都是小病不下火线,什么发烧、感冒、拉肚子,吃点药继续坚守岗位。在前线的水利人们,日夜奋战是常态,每天巡堤,一走就是十几千米,大堤上湿滑泥泞,我们穿着雨鞋,冒着酷暑深一脚浅一脚的,从堤上下来,每个人脚上磨出了血泡,虽然一瘸一拐仍坚持着。为的就是及时发现险情避免溃坝。

那些天基本是饥一顿饱一顿,一天只吃一顿饭的情形十分常见,有的时候错过了饭点儿实在是饿了,便就近跟施工队伍要个馒头,一瓶水充饥。暑期最热的桑拿天,巡堤的时候,必须穿上救生衣,每天浑身都是湿漉漉的,根本没想过回家换衣服。昼夜巡查,导

262

致有的同志连续几天不合眼,实在撑不住了,就在车上,在会议室的椅子上歇一会儿,像我这样长期失眠的人也不敢吃睡眠药,但没有一个人中途退场,没有一个人喊苦叫累。

随着洪水上涨、河道高水位运行、堤防长时间浸泡,渗水、管涌等险情频发,面对严峻形势,大清河沿线迅速建立技术、流动、定点、专业四级巡堤查险完整闭环体系,24小时全天候拉网式巡查河堤围埝,累计处置75处突发险情,确保大堤万无一失。

8月10日凌晨,河北省文安县的滩里干渠发生漫溢溃口,东淀蓄滞洪区清南地区面临巨大防洪压力,紧急开辟大清河抗洪第二战场,昼夜加固茁头排干第二道防线,市委书记陈敏尔、市长张工亲临一线指挥调度,中部战区、武警部队和应急、水务、交管、城建等单位迅速集结,会同当地干部群众,紧急采取转移群众、封堵静霸公路缺口、加高加固茁头排干等措施,仅用1天时间就完成了1.6千米袋装土后戗工作,5个昼夜就实现了茁头排干五横一纵抢险通道的全面贯通。

"险情不除,不能撤退,要站好防汛抢险最后一班岗!"在汛期,专家组日夜坚守及时研判,配合指挥调度、周密部署,筑牢了全区汛期安全线。

在加固茁头排干的过程中,8月11日清晨又出现险情,堤防渗水在短的时间内变成管涌,继而形成3米的塌方,如果处置不及时,清南地区将彻底失守,所幸巡堤查险人员履职尽责、水务技术专家现场指导、部队官兵及时处置、应急部门快速调运现场物料保障充足,上午11时左右,险情被及时化解,洪水再次被阻挡在防线以外。

有人说专家队伍在抗洪抢险的第一线发挥着至关重要的作用,是"智囊",对于这一点我可以自豪地说:我们利用专业的技术和丰富的经验,为防汛抢险出谋划策,科学准确提出关键性建议意见是责无旁贷的;真正到了现场,心里想的、眼里看到的都只有堤坝、险情、汛情,所以跟年轻人一起爬陡坡、查险点,拖着裹满泥巴的裤脚,浑身浸透汗水,我们认为十分正常。只有当别人提醒你,眼睛里布满血丝,腰腿略显疲惫的时候,才会意识到自己已经是快60岁的人了。但作为水利人战胜汛情的那份坚定和执着依旧。在水情调度、巡堤查险、研判会商等各个关键环节,一线专家组给了所有水务人充足的"底气"。

此外,为了保障防汛物资供应,市防办统筹各级各类应急救灾资源,坚持随调随用,快速抵达,第一时间向静海等8个区,调拨编织袋等39类防汛抢险救灾物资,确保先期抢险快速实施。随着入境洪水迅速增加,紧急从唐山、保定以及我市相关区紧急购置水泥、沙子等防汛急需物资,第一时间支援前线抢险。市、区两级投入抢险救援力量12万人,夜以继日开展抗洪抢险各项工作。

中国安能、中国中铁、中国铁建、中建集团、中交集团、国家电网、华水公司等央企派出应急救援力量14568人,国资系统城投、城建等市属国有企业队伍6808人,蓝天救援等社会应急力量245人,快速增援静海区、西青区、滨海新区等重点地区。

随着大清河防洪压力加大,中部战区、天津警备区、武警天津总队调动兵力上万人,驰援抢险救灾,极大地充实了抢险力量。

静海、西青、武清、滨海新区等涉洪区紧急动员,及时完成堤防加高加固、退水口门扒除、穿堤建筑物封堵等工作,蓟州、宁河、宝坻等区及时做好行洪河道沿线巡视巡查、风险管控,确保洪水安全下泄。市水务部门及时完成东淀蓄滞洪区8项应急抢险工程、拆除独流减河北深槽尾闾坝埝,确保洪水顺畅下泄。

住建部门组织施工企业运输土方、加固堤防,及时完成浸水农房安全评估。

公安部门每日投入2000余名警力加强蓄滞洪区周边巡查管控,保障社会面安全稳定。

农业农村部门无害化处理死亡畜禽,消毒养殖场,确保灾后无大疫。

交通运输部门出动客车、货车转运群众10074人、运载抢险物资2485吨。

消防部门出动车辆510余部次、指战员2600余人次,协助属地开展群众转移安置。

城管、商务、卫健、通信、电力等部门分别加强蓄滞洪区燃气安全管控、抢险救灾、生活和通信、电力保障。

在防汛一线,企业家们来了,热心群众来了,志愿者们来了。他们或捐款捐物,或主动上堤,筑起干群同心最坚固的堤坝。一箱箱暖心的物资、一次次贴心的问候,"慰"出了真情、"问"出了真需、送上了真意,让奋战在防汛一线的人员切实感受到温暖和关怀。

人民至上　生命至上

人民至上,生命至上,这是习近平总书记一以贯之的为民情怀,也是关于抗灾救灾、重建家园反复强调、坚定不移的原则。

为了保障群众生命安全,市委、市政府果断决策,第一时间将永定河泛区、东淀蓄滞洪区9万多名群众安全转移。

其中静海区组织东淀蓄滞洪区3个乡镇26个村3.76万名群众转移,西青区提前撤离东淀蓄滞洪区内796人,武清区组织4个镇街50个村45489名群众转移。转移安置的过程中,国资系统公交集团、交通集团紧急调派客运车辆564台次，大巴车就停在村口，全程实施"点对点"安全转运。

对于年龄大、身体不好的老人，由医护人员、蓝天救援队、社区志愿者专程护送，各安置点提前备齐各类物资，还准备了测血压、理发等贴心服务，让转移群众住得舒适、住得顺心。

在完成退水工作的同时，武清、静海、西青等区抓紧时间对淹泡地区进行防疫消杀，组织对供电、供水、污水处理等设施进行检修维护，村干部还为回迁村民详细讲解明白纸，确保村民尽快恢复正常生活。

为深入了解"23·7"流域特大洪水灾情对农业生产的影响和灾后恢复重建情况，我作为市政协农业农村委主任，组织农业界委员成立调研小组，带领徐继珍委员、窦双菊委员、周晋民委员及西青区、武清区、静海区政协委员等，先后深入西青区辛口镇、武清区黄花店镇、静海区台头镇等受灾严重地区实地开展调研，结合基层受灾地区群众和市、区、镇、村有关部门代表反映的困难和问题，经过

图26-1　抗洪现场

认真分析梳理,起草了《关于海河"23·7"流域性特大洪水灾后恢复重建工作的调研报告》,针对6方面问题,提出了7条具体意见建议,并以专报形式报送市委、市政府主要领导,市领导给予了高度评价。

这是一场来势汹汹的大考,这是一次惊心动魄的战役。山河无恙,大河安澜。面对防汛大考,大家不忘初心、工作全心、团结一心,以"功成不必在我、功成必定有我"的意志,坚持人民至上、生命至上,锚定"人员不伤亡、水库不垮坝、重要堤防不决口、重要基础设施不受冲击"目标,争分夺秒与洪魔较量,用智慧与汗水、实干与担当,守水尽责,用无私无畏筑起了一道道坚不可摧的抗洪防线,谱写了一曲兴水为民的抗洪赞歌。

（张志颀,天津市政协常委,天津市政协农业农村委员会主任,天津市水务局原局长、党组书记;魏天权,人民政协报驻天津记者站兼《天津政协》杂志记者）